PAUL CLAYTON GIBBS

PRINZIPIEN IN GOTTES REICH

Gottes Werte für dich

Harris House Publishing

Für Joel und Levi
Meine Lieblinge.
„Denkt an den Traum."

Ich danke

Lynn dafür, dass sie unter Beweis gestellt hat: „Zwei haben es besser als einer allein: Zusammen erhalten sie mehr Lohn für ihre Mühe."

Terry für ihre Weisheit, Geduld und harte Arbeit - es ist ein Privileg, mit ihr zu arbeiten.

Brooke für ihren Glauben an dieses Buch und dafür, dass ihre Begabung es verwirklicht hat.

Paul für seine fortwährende Hingabe für unsere Vision, sein Vorbild und seine Freundschaft.

Tifany für ihre demütige Aufopferung von Zeit und Plänen und ihre inspirierende Leidenschaft.

Mike dafür, dass er sichergestellt hat, dass die Lehre aus diesem Buch in den Schulen weltweit zur Anwendung kommt.

Burkharts dafür, dass sie meine Familie während der Entstehung dieses Buches geistlich und persönlich begleitet haben.

Kevin and Ann weil sie das ernten, was sie schon lange in so viele Menschen gesät haben.

Harris House Publishing dafür, dass sie zuerst nach Gottes Reich trachten und ihr Unternehmen an zweite Stelle setzen.

Book Project Friends || dafür, dass sie dieses Buch unterstützt und in diese Botschaft investiert haben. Danke an Wayne, Terry, Kim, Jim, Claire, Jules, Matt, Hannah, Matthias, John, Karen, Beverly, Norman, Jimmy und Jenny.

Pais Direktoren || dafür, dass sie diese Prinzipien in den Schulen weltweit verbreiten.

Andy Baimbridge, Rachel Eden, Tina Woodward, Mike Davies, Steve und Jenny Webster, Beccy und Mark Riley, Adam Islip, Steve Wilkinson, John Kay, Louise Driess, Rebecca Bailey, Sarah und Nic Mcbride, Ben und Gale Dowding, Pete und Bryony Baker, Steve und Vanessa Keates, Neil Fearn, Chris Matthewman, Emma Ramsden, Richard und Sophie Mcguiness, Rob und Keren Johnson, Kelli McFarlane, Ocke, André Springhut, Steve und Sebrina Miller, Tony Puckett, Stephanie Medina, Sally Dorrington, Robin Frohnmayer, Emma und Chris Cunnington, Mark Kernohan, Jonny Foster, Mawunyo Debrah, Iain Fogg, und Foxy Lynn ... und so vielen anderen Leitern, mit denen ich leider noch nicht direkt zusammenarbeiten durfte, die aber ihren Glauben bewahrt und uns auf unserer Reise begleitet haben, um Gottes Reich weltweit in die Schulen zu bringen.

INHALTSVERZEICHNIS

Das Herz des Königs

Herz

Ich erinnere mich noch daran, als ich zum ersten Mal eine ‚Vision'
hatte.

Damit meine ich einfach eine imaginäre Szene, die sich vor meinem
geistigen Auge abspielte, als ich gerade betete. Ich sah, wie sich die
große Tür zu einem Palast öffnete und ein kleiner, unscheinbarer
Junge zaghaft einen gigantischen Thronsaal betrat. In meiner Vision
folgte ich dem Jungen, der nervös auf einen Thron am anderen Ende
des Saals zuging und schließlich vor einem König auf die Knie fiel.
Mir wurde klar: Der Junge, gekleidet in ein schlichtes Kettenhemd,
stellte mich dar. Während ich dem Jungen dabei zusah, wie er sich in
Anbetung vor dem König verneigte, sah ich auf einmal, wie der König
mit seiner rechten Hand etwas hinter seinem riesigen, verzierten
Thron hervorholte.

Es war ein Schild. Dann kam ein Schwert. Und ein Helm.

Die Vision verflog, doch ich wusste instinktiv, was sie bedeutete: Wenn
ich vor Gott auf die Knie ginge, würde Er mich mit allem ausrüsten,
was ich brauchte, um für Ihn zu kämpfen. Es war eine Ermutigung,
meine Reise fortzusetzen, die ich vor Kurzem begonnen hatte — eine

Reise, die Gottes Königreich in meinem Leben und in der Welt voranbringen sollte.

Ein Ritter ist für seinen Auftrag *ausgerüstet* und eins der Dinge, mit denen Jesus uns ausrüstet, ist ein *Verständnis* für die Prinzipien in Seinem Königreich: eine Reihe von Prinzipien, die sich überall durch Gottes Wort ziehen. Wenn wir sie anwenden, helfen uns diese Prinzipien dabei, in uns Wertvorstellungen nach Gottes Herzen zu entwickeln, indem sie uns lehren, so zu denken, wie Gott denkt, und so zu fühlen, wie Er fühlt.

Mütterlicherseits bin ich ein Munro, Mitglied eines schottischen Clans, dessen Treue zu seinem König zur Legende wurde. In den Erzählungen über die Schlacht von Bannockburn im Jahr 1314 wird berichtet, dass Robert Munro die Ritter seines Clans anführte, die für König Robert de Bruce kämpften. Robert de Bruce war vielgeliebt. Als er starb, bat er darum, dass jemand ihm sein Herz herausschneide, es einbalsamiere und es einem würdigen Ritter gäbe, der es nach Jerusalem bringen solle. Sein Freund Douglas nahm die Herausforderung an und trug das Herz in einem Gefäß um den Hals. Eines Tages, als er und seine Männer von seinen Feinden in die Enge getrieben waren und er spürte, dass ihre Niederlage in der Schlacht unmittelbar bevorstand, tat Douglas etwas Außergewöhnliches: Er riss sich das Herz vom Hals und hielt es hoch, sodass all seine Männer es sahen. Dann warf er es mit einem lauten Schrei weit hinter die feindlichen Linien und rief:

„Kämpft für das Herz des Königs!"

Was für eine großartige Geschichte! Ich kann mir diese fanatischen, leidenschaftlich treu ergebenen Ritter geradezu bildlich vorstellen: Im Laufe der Zeit hatten viele Gelöbnisse und Eide sie zusammengeschweißt und nun sahen sie verzweifelt mit an, wie das Herz ihres Königs in feindliches Gebiet geworfen wurde. Ich kann nur erahnen, was in ihnen vor sich gehen musste. Diese Leidenschaft! Diese Wut!

Dieser Zorn! Dieser Tatendrang! Was für einen Kampf sich die Ritter daraufhin geliefert haben müssen, um den Gegenstand zu retten und zurückzuholen, der symbolisch für all das stand, an das sie glaubten und für das sie kämpften!

Das Herz von Robert de Bruce liegt heute in Melrose Abbey in Schottland begraben. Es ist tot und niemand wird je wieder dafür kämpfen.

Doch das Herz unseres Königs aller Könige lebt. Werden wir jemals wieder *dafür* kämpfen?

Ritter

Wo sind all die Ritter geblieben?

> *Zieht an die Waffenrüstung Gottes, damit ihr bestehen könnt gegen die listigen Anschläge des Teufels. Denn wir haben nicht mit Fleisch und Blut zu kämpfen, sondern mit Mächtigen und Gewaltigen, mit den Herren der Welt, die über diese Finsternis herrschen, mit den bösen Geistern unter dem Himmel.*

In einer Zeitschrift las ich einmal, dass die größte Resonanz ihrer Leserschaft einem Artikel mit dem Titel „Warum sind christliche Männer solche Waschlappen?" galt. Das lässt mir keine Ruhe mehr. Ich will kein Waschlappen sein. Ich will nicht kneifen. Ich will nicht schwach sein. Ich will das Motto der Familie Gibbs aufrechterhalten: *felsenfest von meiner Bestimmung überzeugt.*

Doch was ist meine Bestimmung? Was ist die Bestimmung eines Christen?

Jene zu bekriegen, die anderer Meinung sind? Die Grenzen unseres Glaubens durch Blutvergießen und Kreuzzüge auszudehnen? Von anderen zu verlangen, dass sie sich den Regeln unserer Religion unterwerfen? Eine Liste von Dingen zu befolgen, die man tun oder lassen sollte?

Oder finden wir unsere Bestimmung woanders?

Ritter lebten über der Linie. Mit einem Treueschwur verschrieben sie sich einem Kodex der Ritterlichkeit und identifizierten sich mit einem starken Wertesystem. Sie verpflichteten sich zu Treue, Mut, Ehre, Höflichkeit, Gerechtigkeit und der Bereitschaft, den Schwachen zu helfen. Man könnte sie vielleicht als Fanatiker bezeichnen. In Wahrheit aber verpflichteten sie sich einfach, all das auszuleben, von dem alle anderen *nur behaupteten*, dass sie daran glaubten.

Der Film *Königreich der Himmel* erzählt die grausame Geschichte der in ihrem Grundsatz fehlgeleiteten Kreuzzüge und der Ritter, die in ihnen kämpften. Es ist zudem eine hervorragende Darstellung des inneren Kampfes zwischen richtig und falsch.

Zwischen Anrecht und Unrecht.

In den zwei besten Szenen des Films geht es jeweils um einen Eid. In der ersten besucht ein Sohn seinen sterbenden Vater, der ihn zum Ritter schlägt und dafür einen Eid einfordert. Der Vater schlägt seinen Sohn sogar ins Gesicht, um dafür zu sorgen, dass dieser sich an seine Anordnung erinnert:

> *Sei ohne Furcht im Angesicht deiner Feinde!*
> *Sei tapfer und aufrecht, auf dass Gott dich lieben möge!*
> *Sprich stets die Wahrheit, auch wenn dies den eigenen Tod bedeutet!*
> *Beschütze die Wehrlosen, tue kein Unrecht! Dies ist dein Eid.*
>   *[Vater schlägt seinen Sohn ins Gesicht.]*
> *Und das ist dafür, dass du ihn nicht vergisst.*[2]

In der zweiten Szene ist der Sohn nun Befehlshaber in der Verteidigung von Jerusalem. Ein Hollywood-Bischof (klischeehaft feige und willensschwach dargestellt) weist darauf hin, dass es keine Ritter gibt. Dem bevorstehenden Angriff nahezu schutzlos ausgeliefert erkennt der Sohn, wie gravierend die Frage ist: *Wo sind all die Ritter geblieben?*

Die Antwort ist, dass sie alle in einer vergeblichen, fehlgeleiteten Schlacht gestorben sind. Die Übriggebliebenen kauern sich nun in der Stadt zusammen und hoffen verzweifelt auf Rettung. In einer großartigen Szene, die viel prophetischer ist, als es dem Regisseur vielleicht bewusst war, wendet sich der Sohn an den jungen Diener des Bischofs. Er befiehlt ihm, sich niederzuknien, und ruft auch alle anderen, gewillten und wehrfähigen Männer dazu auf, die Knie zu beugen. Der Sohn wiederholt denselben Eid, den er einst hörte. Mit den Worten seines Vaters und einem Schlag ins Gesicht erhebt er den Diener in den Ritterstand. Er schlägt die knienden Männer allesamt zu Rittern.

Der Bischof reagiert mit der spöttischen Frage, ob ein Mann zu einem besseren Kämpfer werde, wenn er zum Ritter geschlagen wird.

Die Musik schwillt an und die Spannung steigt.

Die Musik verstummt und die Antwort lautet:

„Ja."

Ich liebe diese Szenen. Was für ein großartiges Bild für das Evangelium! Der Vater schlägt den Sohn zum Ritter und daraufhin schlägt der Sohn all die zu Rittern, die ihre Knie vor Ihm beugen.

Jesus will *dich* zum Ritter schlagen. Deshalb hat Er uns einen Eid mitgegeben — eine Lebensphilosophie, eine Art zu leben, eine Reihe von Prinzipien, die uns lehren, wie wir denken können, und nicht einfach, was wir denken sollen.

Doch es gibt etwas, das dem im Wege steht.

Leben auf der Linie

Es gibt eine Linie.

Viele Christen haben sich daran gebunden, auf dieser Linie zu leben. Dieses ‚Linien-Leben' besteht darin, wie wir uns selbst *definieren* und *begrenzen*: Wir versuchen, herauszufinden, was wir als Christen tun können und was nicht — was wir moralisch für richtig und für falsch halten.

Und so leben wir auf der Linie.

Wir erschaffen zwei Extreme: Am einen Ende suchen wir nach der Schwelle, wie weit wir *gehen können*, bevor wir die Konsequenzen zu spüren bekommen. Am anderen Ende markieren wir den Punkt, der uns zeigt, wie weit wir *gehen müssen*, um so belohnt zu werden, wie wir es uns wünschen.

In unserer Welt des Linien-Lebens stellen wir die einfachen Fragen. Wenn es darum geht, etwas für Gott zu geben:

> *Wie viel muss ich geben, um eine Bestrafung zu vermeiden?*
> *Wie viel muss ich geben, um für meine*
> *Großzügigkeit belohnt zu werden?*

Wenn es um Vergebung geht:

> *Welche gegen mich begangenen Sünden muss ich vergeben?*
> *Wie oft sollte ich vergeben, um als nicht*
> *nachtragend bekannt zu sein?*

Wenn es um Medienkonsum geht:

> *Was darf ich mir alles ansehen, ohne als weltlich beurteilt zu*
> *werden?*
> *Mit welcher Altersfreigabe bei Filmen komme ich*
> *davon, ohne meinen Ruf zu beschmutzen?*

Es ist, als würden wir für bestimmte Themen eine Linie in den Sand ziehen und unseren Glauben darin sehen, dass wir beständig herausarbeiten, welche Positionen auf dieser Linie wir beziehen. Sobald wir unseren Standpunkt gefunden haben, verteidigen wir ihn wie ein Gesetz gegenüber jedem, der anders denkt.[3] Wir machen es zu unserer Mission zu beweisen, dass wir Recht haben, und so lassen wir uns auf exakt die falsche Art von Kreuzzug ein. Sowohl in unserem Denken als auch in unseren Herzen sind wir auf die Linie fixiert.

Doch müssen wir bedenken: Man kann nicht über der Linie leben, wenn es keine Linie gibt, über der man leben kann.

Gottes Gesetze dienen einem Zweck. Mit ihrer Hilfe erkennen wir, an welchen Stellen wir versagen, doch sie haben nicht die Macht, uns Gelingen zu schenken. Das kann nur der Heilige Geist.

Die Prinzipien in Gottes Reich sind *nicht* gegen die Linie; sie rufen uns dazu auf, über ihr zu leben. Allerdings haben wir einen Gegner. Unser Feind verfolgt eine einfache Taktik, die durch eine eigenartige Frage erklärt werden kann:

Wie hypnotisiert man ein Huhn?

Man drückt einfach den Kopf des Huhns nach unten, sodass der Schnabel die Erde berührt und die Augen auf den Boden gerichtet sind. Dann zeichnet man eine Linie – ausgehend von dem Punkt, wo der Schnabel die Erde berührt, immer weiter vom Huhn weg. Lässt man das Huhn nun los, wird es wie gelähmt sein. Es wird wie angewurzelt auf der Stelle liegen bleiben und auf die Linie starren, die vor ihm gezeichnet wurde. Es wird sich nicht bewegen, garantiert.[4]

Wie hypnotisiert man einen Menschen?

Indem man genau dasselbe tut. Man sorgt dafür, dass sie ihren Blick auf die Linie richten. Auch sie werden wie gelähmt sein. Sie werden

Schwierigkeiten haben, sich zu bewegen. Indem man sie mit einer Linie *definiert* und *begrenzt*, werden sie niemals vollends den Charakter nach Gottes Herzen entfalten, den sie eigentlich entwickeln könnten.

Wie können wir uns davon losreißen?

Leben in der Wolke

Wir reißen uns los, indem wir über der Linie leben!

Ich liebe die Bibel. Ich liebe sie, weil sie mich, sofern ich die richtige Perspektive einnehme, in die Gegenwart des Autors zieht. In der Bibel steht die Wolke für die Gegenwart Gottes. Die *Schechina*.[5]

Sein Geist. Sein Herz. Seine Gedanken.

> Er zeigte sich in einer Wolkensäule, die die Israeliten führte.
> Seine Gegenwart in einer Wolke stürzte ihre Feinde in völlige Verwirrung.
> Er erschien in Herrlichkeit in einer Wolke.
> Er sprach zu Mose in einer dichten Wolke.
> Seine Gegenwart erschien als eine Wolke über der Stiftshütte.
> Er umhüllte die Menschen als eine Wolke bei Jesu Taufe.
> Bei Seiner Wiederkunft wird Er auf einer Wolke kommen.
> Im Jüngsten Gericht wird Er auf einer Wolke sitzen.[6]

Dieses Buch handelt von einem Leben in der Wolke.

Es ermutigt unsere Herzen, die schweren Lasten abzuschütteln, die uns niederdrücken, und geht ein Problem an, an dem das Herz des Königs am ehesten zerbricht: Ein Diener, der vor einem Kampf davonläuft. Ein Untertan, der nur nach einfachen Antworten sucht, nach einem simplen Moralkodex, nach dem er leben kann. Dieses Buch soll uns davon wegführen zu sagen: „Sag mir einfach, was ich tun soll und wie weit ich gehen muss."

Dafür wird es uns die Augen für das öffnen, was zwischen den Zeilen steht. Den Geist hinter den Gesetzen offenbaren. Uns mit dem Herzen des Königs verbinden, damit wir nicht nur so denken, wie Er denkt, sondern auch fühlen, was Er fühlt, und dadurch motiviert werden.

Wenn wir von denselben Dingen motiviert werden, die Ihn motivieren, eröffnet sich uns eine völlig neue Welt!

Mit diesem Buch möchte ich uns ermutigen, einer neuen Frage nachzugehen:

Was liegt meinem König wirklich am Herzen?

Wie kann ich Ihm gefallen? Wie kann ich so für Ihn kämpfen, wie Er es sich von mir wünscht? Wie kann mich mein moralischer Kompass dazu führen, das Richtige zu tun, einfach weil es das Richtige ist? Wie sorge ich dafür, dass ich den Sinn nicht verfehle?

Denn wir *können* den Sinn ja verfehlen.

Und genau darin liegt das Problem. Meine Befürchtung ist, dass wir in Versuchung geraten, diese sechs göttlichen Konzepte als ‚Programmpaket' anzusehen. Als Druckmittel. Als Methode, wie wir von Gott bekommen, was wir wollen. Dann könnten wir vielleicht zu dem Gedanken verleitet werden, dieses Buch enthalte eine Anleitung in sechs Schritten, um Gott den Arm auf den Rücken zu drehen und bei Ihm abzukassieren. Doch das ist nicht die Absicht dieses Buches. Es wurde als Teil einer Trilogie geschrieben, um all jene zu befähigen, die Gottes Reich voranbringen wollen.

Die anderen zwei Bücher rüsten sie dafür aus, Gottes Vision zu verwirklichen und Seine Führung in ihrem Leben zu entdecken. Doch dieses hier soll ihnen dabei helfen, ihren Charakter Seinen Werten entsprechend zu entwickeln. Dafür zeigt es die Dynamik dieser sechs Prinzipien in Gottes Reich auf:

Trachte zuerst
Richten und gerichtet werden
Müll rein, Müll raus
Nutze es oder du wirst es verlieren
Ernten und Säen
Demütigen und Erhöhen

Jedes Prinzip in Gottes Reich ist in drei Abschnitte unterteilt:

Das Problem: Wie ein Leben auf der Linie die
Charakterentwicklung nach Gottes Herzen verhindert

Das Prinzip: Wie ein Leben in der Wolke uns
dabei hilft, so zu denken, wie Gott denkt

Das Versprechen: Wie Gott Sein Reich
in und durch uns voranbringt

Das Ziel dieses Buches ist es, uns dabei zu helfen, ein Leben in der Wolke zu führen. Dafür rüstet es uns mit einer neuen Art des Denkens aus. Es will uns dabei helfen, uns nach dem Herzen des Königs auszurichten, sodass wir zuerst Seine Träume verwirklichen und dann unsere eigenen.

Dabei sollten wir bedenken, dass, wie alle Wolken, auch diese Wolke einen Schatten wirft ... eine Linie. Sie besteht aus dem religiösen bzw. moralischen Kodex, den Regeln und Vorschriften. Ein Leben in diesem Schatten ist besser als eines außerhalb.

Doch wir sollten es nicht mit dem Leben in Ihm verwechseln.

PRINZIP IN GOTTES REICH

TRACHTE ZUERST

TRACHTE ZUERST
Das Problem

Fragen

Jesus hatte ein Problem: Seine Jünger führten sich auf wie die Heiden.

> *Darum sollt ihr nicht sorgen und sagen: Was werden wir essen? Was werden wir trinken? Womit werden wir uns kleiden? Nach dem allen trachten die Heiden. Denn euer himmlischer Vater weiß, dass ihr all dessen bedürft.*[7]

Früher dachte ich, Heiden wären Menschen, die Satan anbeten und kleine Kinder zum Frühstück verspeisen. Hauptsächlich aber nahm ich an, es wären all jene, die Gott vollends ausklammern und hinter weltlichem Besitz her sind. Schließlich sagte Jesus: *„Nach dem allen trachten die Heiden"*, was bedeutet, dass wir das nicht tun sollten. Aber meinte Er damit schlichtweg, dass wir Erfüllung nicht in weltlichem Besitz suchen sollen? Oder wollte er auf etwas Tiefsinnigeres, Konkreteres hinaus?

Ohne Seinen *Kontext* verfehlen wir Seinen *Sinn*.

Wenn wir die Kultur verstehen, in der Jesus lebte, gewinnen Seine Worte eine völlig neue Bedeutung. Ich will das erklären.

Es gibt tatsächlich einen ‚Weg ins Nirgendwo'. Er liegt in der Türkei und wird ‚Heilige Straße' genannt. Diese antike Straße ist etwa zwanzig Kilometer lang und führt nirgendwo hin. Aufgrund archäologischer Funde wissen wir, dass es einst auf der gesamten Strecke kleine Läden am Straßenrand gab sowie gewaltige Gräber, Bäder, Brunnen und Rastplätze. Sogar heute noch verzieren Statuen von wichtigen Persönlichkeiten den Weg. Dieser Weg war bedeutsam.[8] Dabei führt die Heilige Straße zu keiner Stadt, nicht einmal zu einem Dorf. Es führte die Menschen zu keinem wichtigen Handelszentrum und keinem strategisch gut gelegenen Hafen. Es gab keine Lehrgebäude, keine olympischen Sportstätten, nicht einmal ein Wohnquartier für deren Athleten.

Warum also wurde diese so viel genutzte Straße überhaupt gebaut?

Sie führte zu Apollos Tempel in Didyma und dort geschah etwas *äußerst* Merkwürdiges. Für die Heiden war das, was am Ende der Heiligen Straße geschah, eine ganz große Sache.

Und Jesus wusste darum.

Die Menschen gingen dorthin, um das ‚Orakel Gottes' aufzusuchen und eine Antwort von einem Gott auf eine konkrete Frage zu bekommen. Doch ehe diese Frage gestellt werden konnte, musste das Anrecht auf diese Frage erkauft werden.

Wenn Heiden sich dem Tempel näherten, schlugen ihre Herzen schneller. Denn sie näherten sich Apollo, dem Gott der Musik und des Lichts. Nachdem sie sich in dem Quellbrunnen gewaschen hatten, brachten sie einem Priester ein Tier dar, welches dieser auf dem Außenaltar zeremoniell opferte. Sie hofften, dass ihre Opfergabe es ihnen ermöglichen würde, dem Orakel eine Frage zu stellen.

Die Diener Apollos wühlten in den Eingeweiden des Tieres herum und antworteten mit *Ja* oder *Nein*. War die Antwort ‚Ja', näherten sich die

Pilger ängstlich und zitternd den Tempelstufen. Mit einer Mischung aus Furcht und Erregung warteten sie darauf, dass sich die gigantische Tür öffnete. Mit viel Dramatik und einem Paukenschlag öffnete ein anderer Priester von innen die Türen. Er war wie Apollo gekleidet, mit einem weißen Gewand und geschmückt in reinem Gold. Ein wahrhaft beeindruckender Anblick.

Die Pilger fielen auf die Knie und stellten ihre Fragen. Daraufhin schlossen sich die Türen wieder und die Pilger warteten auf die Antwort. Manchmal *tagelang*. Manchmal *wochenlang*. Manchmal *monatelang*. Manchmal *jahrelang*.

Doch welche Art von Frage stellten diese Heiden? Wie unterscheidet sich ihre Art, ihren Gott aufzusuchen, von der Art und Weise, in der Jesus will, dass wir Ihn ersuchen?

Bei ihrer Anfrage ging es vielleicht um eine Romanze oder um Geld. Womöglich erwogen sie eine berufliche Umorientierung: „Könnte Apollo mir sagen, ob ihn das zufriedenstellen würde oder nicht?" Oder vielleicht ging es um einen Feldzug, wie in einem berühmten Beispiel: „Falls der König in den Krieg zieht, wird er siegen oder verlieren?"

Die Antwort konnte mehrdeutig sein. Krösus, der König von Lydien, fragte das Orakel Apollos, ob er Persien bezwingen würde, falls er es angreifen sollte. Am Ende antwortete das Orakel: *„Eine Nation wird fallen."*

Super. Danke für den Tipp. Und könnte ich jetzt bitte mein Schaf wiederhaben?

So viel Wartezeit für eine mehrdeutige Antwort von einem Gott; wir hingegen haben sogar ein ganzes Buch voller Weisheit empfangen! Unser Buch, die Bibel, ist nicht mehrdeutig. Aber um ihre Antworten wirklich zu verstehen, müssen wir *die richtige Art von Fragen* stellen.

Jesus sagte uns, dass unsere Fragen anders sein sollten als die der Heiden. Und genau hier kann es sein, dass wir Jesus missverstehen.

Was einen Nachfolger Christi von einem Heiden unterscheidet, ist nicht, dass der eine nach göttlichem Rat fragt und der andere nicht. Nein, der Unterschied liegt in der *Art* der Fragen, die beide stellen.

> Heide: „Herr, wenn ich das tue, wirst Du mich segnen?"
> Nachfolger Jesu: „Herr, was tust Du und
> wie kann ich Dich segnen?"

Heidentum besteht nicht einfach darin, Gott abzulehnen, um nach weltlichen Dingen zu trachten. Es ist ein Trachten nach weltlichen Dingen *mithilfe von* Gott. Wir geben der falschen Frage zu viel Bedeutung und der richtigen zu wenig. Und die Dinge, denen wir zu wenig Bedeutung beimessen, sind die Dinge, für die wir nicht bereit sind, Opfer zu bringen.

Wenn Jesus wiederkommt, wie wird Er diejenigen ansehen, deren Hauptgrund zur Nachfolge ein besserer Lebensstil ist?

Wird Er sie als Jünger ansehen ... oder als Heiden?

Fragestellungen

Welche Art von Fragen stelle ich Gott?

Welche dieser zwei Fragen stelle ich häufiger?

> *Herr, wenn ich das tue, wirst Du mich segnen?*
> *Herr, was tust Du und wie kann ich Dich segnen?*

Was ist mein Hauptgrund dafür, Jesus nachzufolgen?

Was halte ich für die Berufung eines Christen?

Bin ich mehr darauf bedacht, einer Liste von Regeln zu folgen, als nach dem Herz Gottes zu fragen?

Wie kann ich entdecken, was Gott am Herzen liegt?

Bin ich gewillt, für das Herz meines Königs zu kämpfen?

Auf welche Art und Weise soll ich das aus Jesu Sicht tun?

TRACHTE ZUERST
Das Prinzip

Auftrag

Ritter haben einen Auftrag.

Einmal, während der Erntezeit, als David in der Höhle Adullam war, lagerte das Heer der Philister im Tal von Refaïm. Drei von Davids 30 berühmtesten Kriegern gingen zu David hinab. David hielt sich damals in der Bergfestung auf und ein Posten der Philister hatte die Stadt Bethlehem besetzt. David sagte sehnsüchtig zu seinen Männern: „Wer holt mir Wasser aus dem Brunnen am Tor in Bethlehem?" Da drangen die drei Krieger in das Lager der Philister ein, schöpften etwas Wasser aus dem Brunnen am Tor in Bethlehem und brachten es David. Doch er weigerte sich, davon zu trinken, sondern goss es als Trankopfer für den Herrn aus. „Der Herr bewahre mich davor, es zu trinken", rief er. „Dieses Wasser ist so kostbar wie das Blut dieser Männer, die dafür ihr Leben aufs Spiel gesetzt haben." Darum weigerte er sich, davon zu trinken.

Diese Heldentat vollbrachten die drei Krieger.[9]

Ich stelle mir diese Geschichte gerne bildlich vor: König David sitzt mit seinen besten Freunden nach einem langen Tag der Schlacht am Lagerfeuer. Dabei seufzt er – genau wie ich nach einem harten Arbeitstag in Texas, wenn ich denke: „Ich würde alles für ein indisches Curry aus der Currymeile von Manchester tun". Oder vielleicht: „Was ich nicht für Fish-and-Chips von meiner Frittenbude in Manchester geben würde!" So lautet mein Wunschdenken.

Ich male mir aus, wie das kleine Feuer Schatten auf die Gesichter derer wirft, die um die Feuerstelle versammelt sind. David sagt sehnsuchtsvoll: „Oh, etwas Wasser aus dem Brunnen in Bethlehem", und ich stelle mir vor, wie seine drei treuesten Unterstützer einander bedeutungsvolle Blicke zuwerfen. Wortlos greifen sie nach ihren Schwertern und verschwinden heimlich in die Nacht.

Nach einer scheinbar selbstmörderischen Mission, auf der sie sich durch die feindlichen Linien zum Brunnen hin- und zurückkämpfen, übergeben ihm seine heldenhaften Krieger das, was er herbeigesehnt hatte. Dabei jagen sie ihm den Schreck seines Lebens ein, denn mir scheint, dass er niemanden konkret gebeten hatte, dies tatsächlich zu tun! Sie hatten einfach darauf reagiert, weil sie wussten, dass es sein Herzenswunsch war. Er war so bewegt, dass er, wie es ein üblicher Brauch war, das Wasser als Trankopfer für Gott ausgoss.

Seine Freunde waren weit über ihre Pflichten hinausgegangen. Der *Wunsch* des Königs wurde ihnen zum *Befehl*.

Ist Gottes Wunsch uns Befehl geworden? Oder erwarten wir schriftliche Anweisungen, unterschrieben, versiegelt und in dreifacher Ausfertigung?

Unser Vater will, dass wir unseren Sinn erneuern, damit wir so denken wie Jesus, und von dem bewegt sind, was Ihn bewegt, anstatt immer auf genaue Anweisungen zu warten. Um so einen Charakter nach Gottes Herzen zu entwickeln, müssen wir in Sein Herz schauen. Die Bibel enthält Prinzipien, die Seinen Geboten zugrunde liegen und ausdrücken, was Sein Herzensanliegen ist. Eins davon ist die Grundlage für alle anderen. Wir finden es in Matthäus 6, 33:

> *Trachtet zuerst nach dem Reich Gottes und nach seiner Gerechtigkeit, so wird euch das alles zufallen. (LUT)*

> *Trachtet vielmehr zuerst nach dem Reich Gottes und nach seiner Gerechtigkeit, so wird euch dies alles hinzugefügt werden! (SLT)*

> *Wenn ihr für ihn lebt und das Reich Gottes zu eurem wichtigsten Anliegen macht, wird er euch jeden Tag geben, was ihr braucht. (NLB)*

Wenn es ein Erfolgsgeheimnis für das Leben gibt, dann ist es dieses. Wir müssen Gottes Reich zu unserem wichtigsten Anliegen machen und darauf vertrauen, dass Gott sich um den Rest kümmern wird.

Um dieses Geheimnis zu verstehen, müssen wir jedoch zuerst verstehen, was Gottes Reich tatsächlich ist. Das Reich Gottes war von zentraler Bedeutung für die Lehre Jesu. In den vier Evangelien gibt es über einhundert Verweise darauf; viele von ihnen finden wir in Jesu Gleichnissen. Das griechische Wort, das im Neuen Testament für das Reich Gottes bzw. das Himmelreich steht, ist das Wort *Basileia*. Es bedeutet ‚Königsherrschaft' oder ‚Königreich'.[10]

Deshalb finden wir Gottes Reich in einem Leben, einer Gesellschaft, einer Nation oder Welt, wo Gottes Königtum unbestreitbar ist, wo Menschen ihre Herzen Seiner Herrschaft unterstellen, wo Er unangefochten regiert und wo Sein Einfluss für alle sichtbar ist. Gottes Reich auf Erden ist Sein Traum für uns und für die Welt.

Worum genau bittet Jesus uns also? – *Seinen* Traum zu *unserem* Traum zu machen.

Meine Lieblingsübersetzung für dieses grundlegende Prinzip *Trachte zuerst*, die New Living Translation, erklärt das, was Jesus im Sinn hatte, deutlicher als andere, wie ich finde.

Und Er wird euch von Tag zu Tag alles geben, was ihr braucht, wenn ihr für Ihn lebt und das Königreich Gottes zu eurem Hauptanliegen macht.[11]

Probiere mal diese Übung aus.

Stell dir zuerst deine Nachbarschaft vor oder deine Schule, deinen Supermarkt, deine Fabrik oder dein Büro. Dann stell dir vor, dass alles dort genauso abläuft, wie die Dinge im Himmel vor sich gehen.

Was für Bilder hast du vor Augen, wenn du an Jesu Gebot denkst, Gott und einander zu lieben, und zwar ganz konkret bezogen auf deinen Supermarkt um die Ecke?

Was für ein Film läuft vor deinem geistigen Auge ab, wenn du dir vorstellst, wie Seine Gnade und Sein Erbarmen deine Wohngegend bestimmen?

Welche Szenarien malst du dir bei der Vorstellung aus, dass Sein Maß an Ehrlichkeit, Rechtschaffenheit und Moral gleichermaßen an deinem Arbeitsplatz herrschen?

Was siehst du?

Wenn du das, was du siehst, zum wichtigsten Anliegen in deinem Leben machst, dann ist Sein Wille dir Befehl geworden!

Amida

Zuerst danach zu trachten, bedeutet, dass Gottes Traum uns von Kopf bis Fuß ganzheitlich durchdringen muss.

Einmal stellte ein Jünger Jesus eine Frage, die wie eine merkwürdige Bitte daherkam:

Herr, sag uns doch, wie wir beten sollen![12]

Das wirft die Frage auf: Wussten sie wirklich nicht, wie?

Natürlich wussten sie das. Die Jünger waren in Galiläa aufgewachsen, einer zutiefst religiösen Gemeinschaft, die dem Gebet hohen Wert beimaß. Sie waren viel mehr Zeiten des Gebets und der Fürbitte gewohnt als viele von uns. Warum stellten sie also diese Frage?

Auch hier hilft uns wieder der Kontext. Ihre Bitte bezog sich auf das, was alle Jünger von ihrem jeweiligen Rabbi erfragten. Die Juden hatten und haben auch heute noch bestimmte Tagesgebete. Das wahrscheinlich wichtigste unter diesen Gebeten ist die Amida, eine lange und klar gegliederte Reihe von achtzehn Segenssprüchen, für die ein hebräischer Muttersprachler fünf Minuten braucht, wenn er sie schnell aufsagt.

Es war gängige Praxis, dass ein Rabbi seinen Talmidim, also seinen Jüngern, seine eigene, gekürzte Version beibrachte. Diese abgewandelten Gebete waren eine Art ‚Kurzausgabe' und enthielten lediglich Bestandteile, prägnante Zitate und Highlights. Sie waren darauf ausgelegt, das Verständnis des Rabbis in Bezug auf Gottes Prioritäten zu vermitteln. In Wirklichkeit wurde Jesus also folgende Frage gestellt:

> Kannst du uns beibringen, welcher Teil von unseren Tagesgebeten für Gott am wichtigsten ist?

Wir sollten also darauf achten, was Er bei Seiner Antwort an erste Stelle setzt:

> *Dein Reich komme. Dein Wille geschehe wie im Himmel so auf Erden.*[13]

Was ist das, was Jesus uns hier auffordert zu beten? Genau genommen sagt der Aufruf *Dein Reich komme* Folgendes: „Herrsche, Gott, über mehr und mehr Personen". Jesus betonte die Tatsache, dass die

Menschen, die Gottes Reich ausmachen werden, jene sind, die sich mehr als alles andere im Leben wünschen, dass Sein Reich kommt.

Bin ich das?

Bist du das?

Sind wir die Art von Personen, aus denen sich in Jesu Augen das Himmelreich zusammensetzen soll?

Jesus hat gesagt: *„Denn wo euer Schatz ist, da wird auch euer Herz sein".*[14] Wenn ich auf der Linie denke, verschwende ich Zeit damit, zu überlegen, ob ich den Zehnten geben soll oder nicht. Ich verschwende zu viel Energie mit der Frage, ob ich den Zehnten von meinem Netto- oder meinem Bruttoeinkommen geben sollte. Das uralte Prinzip fragt stattdessen: *„Wie und wo sollte ich geben, um Gottes Reich am meisten voranzubringen?"*

Geben ist eine besondere Disziplin, die uns einen Schatz im Himmel anlegt. Dieser Schatz ist nicht nur zu unserer Vorfreude gedacht; er ist auch die Kriegskasse, aus der Gott Seine Offensive gegen die Werke des Teufels finanziert.

Wenn wir Leidenschaft für Seine Vorhaben haben, dann werden wir bei unseren Finanzen *zuerst* an Ihn denken.

In Bezug auf ihren Schatz werden Menschen, die auf der Linie leben, von *ihren* Fragen angetrieben:

> *Muss ich geben?*
> *Wie viel wird von mir erwartet?*
> *Welche Zusicherungen bekomme ich im Gegenzug?*

Hingegen werden Menschen, die ein Leben in der Wolke führen, von *Seinen* Fragen bewegt:

Wie sehr liebst du Mich?
Wie häufig träumst du Meinen Traum?
Welches Preisschild würdest du ihm geben?

Gottes Reich ist umgedreht, verkehrt herum und auf links gedreht.

In unserer Welt messen wir den Wert einer Sache daran, wie viel wir dafür zu geben bereit sind. Im Himmelreich wird der Wert einer Sache anders bemessen: Gott misst den Wert, den wir einer Sache geben, daran, wie viel wir für uns behalten. Wir legen Wert darauf, wie viel Geld *ausgetauscht* wird; im Himmel wird darauf Wert gelegt, wie viel *zurückgehalten* wurde.

Jesus zeigt uns ein Modell für das Geben in Gottes Reich. Dafür vergleicht Er eine Witwe, die sehr wenig gibt, mit einem wohlhabenden Mann, der sehr viel gibt. Er befürwortet die Witwe nicht für das, was sie gab, sondern für das, was sie übrig hatte: *nichts*.

> *Denn diese alle haben etwas von ihrem Überfluss zu den Gaben eingelegt; sie aber hat von ihrer Armut alles eingelegt, was sie zum Leben hatte.*[15]

Auch König David demonstrierte ein Herz für Gottes Reich, denn er verstand dieses Prinzip. Einmal wandte er sich an einen Landbesitzer und bat ihn um ein Stück Land, auf dem er Gott einen Altar bauen wollte. Der Mann war überwältigt davon, dass der König ihn um etwas bat, und er bot ihm das Land ohne Gegenleistung an.

David nahm das Angebot nicht an. Seine Antwort verrät uns, warum:

> *„Ich will nicht dein Eigentum nehmen und dem Herrn geben und Opfer darbringen, die mich nichts gekostet haben."*[16]

Wie können wir messen, ob Gottes Reich unser wichtigstes Anliegen ist?

Nicht an dem, was wir geben, sondern an dem, was wir übrig haben.

Merimnao

Um uns auf die Herausforderung des *Trachte-Zuerst*-Prinzips in Gottes Reich vorzubereiten, kommt Jesus unseren Ängsten mit Seinem Rat zuvor.

> *... sorgt euch nicht ...*[17]

Das klingt zunächst allzu einfach, dabei gibt Er uns in Wirklichkeit eine ganz bestimmte Weisheit weiter. Die Wurzel des hier verwendeten griechischen Wortes *merimnao* bedeutet ‚in Stücke teilen, abgelenkt sein'.[18] Jesus bereitete uns vor, indem er wörtlich sagte: „Zerbrecht euch nicht den Kopf darüber!"

Das ist ein guter Rat. Wenn du mit vielen Sehnsüchten gleichzeitig jonglierst, wirst du ein hin- und hergerissenes Leben führen. Er will, dass wir das größere Bild sehen.

Besonders gut veranschaulicht wird das in der bekannten Geschichte von dem Professor, der mit einem großen Glasgefäß vor seiner Seminargruppe stand.[19] Er füllte das Glas bis zum Rand mit Steinen und fragte seine gespannten Studenten, ob das Glas voll sei. Sie antworteten mit *ja*.

Mit einem sanften Lächeln schüttete er kleinere Kieselsteine in das Glas. Sie fielen in die Spalten zwischen den großen Steinen und füllten das Glas bis ganz oben hin. „Ist es jetzt voll?", fragte er seine faszinierten Zuschauer.

Ah. Ja.

Daraufhin kippte er Sand in das Gefäß und die Studenten waren sichtlich verwirrt. „Und jetzt?"

Ähm ... wir denken schon.

Beim vierten Mal goss der Professor Wasser in das Glas.

„Jetzt ist es zur Gänze gefüllt", sagte er ihnen. „Was meint ihr, was der springende Punkt dieser Lektion ist?"

Ein Student, der den Sinn verfehlte, antwortete: „Egal, wie beschäftigt man ist, man kann immer noch etwas anderes unterbringen." Der Professor berichtigte ihn und machte seine Botschaft deutlich:

> „Sofern man die großen Steine nicht zuerst reinlegt, wird man sie niemals alle reinkriegen."

Gottes Reich ist ein ziemlich großer Stein. Er ist unbeweglich. Er wird geschehen. Jesu Vorschlag an uns ist ganz einfach:

> Willst du ein Teil davon sein?

Du solltest ernsthaft über diese Frage nachdenken, denn dieser Stein ist zu groß, um ihn *an letzter Stelle* noch hineinzuquetschen, *nach* deinen Träumen von Reichtum, deinen Sorgen über Verfolgung, deinen Plänen für Vergnügen und deiner Furcht vor Schwierigkeiten. Jesus sagte, dass diese Träume und Ängste sogar Seine Vision in dir ersticken können.[20] Wenn Gottes Reich nicht zuerst ins Glas kommt, ist es nicht möglich, es nach allem anderen hineinzuzwängen.

Tatsächlich wäre es einfacher für ein Kamel, sich durch ein Nadelöhr zu zwängen.

Vor etwa zwanzig Jahren erzählte mir eine Dame in meiner Gemeinde, dass Gott mich nach Zaire rufe.

Ich war ein bisschen geschockt und erklärte ihr höflich, dass sie sich irren müsse, aber ich dankte ihr für ihre Gebete. Sie war eine wunderbare Dame und, da ich sie sehr respektierte, hatte ich für eine Weile mit unserem Gespräch zu kämpfen.

Jahre später wurden mir die Zusammenhänge von einem ihrer Familienangehörigen aufgedeckt. Es schien, als hätte sie sich zum

Dienst an den Menschen in Zaire berufen gefühlt, als sie noch eine junge Frau war. Sie suchte sich Unterstützung und begann, Pläne zu schmieden. Zur gleichen Zeit verliebte sie sich in einen jungen Mann und verlobte sich. Anfangs schien es die perfekte Liebesgeschichte zu sein, bis sie erkannte, dass er keinerlei Absicht hatte, als Missionar nach Afrika zu gehen. Sie hatte die Wahl und sie wählte ihn. Letztendlich brach die Beziehung auseinander und die Verlobung wurde aufgelöst und aus irgendeinem Grund war es für die Frau zu schwer geworden, England zu verlassen. Als ihr Familienangehöriger seine Erzählung beendet hatte, stand mir seine Zusammenfassung ihres Lebens klar vor Augen:

> Seither hat sie jedem, der einen gewissen Funken in sich trug, erzählt, dass seine Berufung in Zaire läge. Du warst nicht der Erste und wahrscheinlich auch nicht der Letzte. Es ist, als versuche sie, den Platz in Afrika zu füllen, von dem sie das Gefühl hatte, dass Gott sie dorthin berufen hatte.

Ein Freund von mir hat einmal gesagt:

> Die zwei traurigsten Wörter in unserem Wortschatz sind: ‚*wenn nur*'.

Vertrauen

Leben in der Wolke ist nicht greifbar.

Leben auf der Linie schon.

Es ist schwierig, nach den Prinzipien in Gottes Reich zu leben. Es erfordert einen Akt des Glaubens, der weit über das Vertrauen in die Dinge hinausgeht, die wir sehen, hören, berühren und schmecken können.

Zu Beginn meines Dienstes griff ich auf viel Anschauungsmaterial zurück, um Schülern ohne religiösen Hintergrund die Dynamik des

Glaubens zu verdeutlichen. Eine meiner liebsten Methoden drehte sich um eine große Rattenfalle mit furchteinflößenden Metallzacken. Dabei stellte ich die Frage: „Wer ist mutig genug, mir zu vertrauen?" Dann ließ ich einen mutigen Freiwilligen ein langes Stück Papier in die Falle legen. *KRACH!* Die Metallzähne schnappten zu und der erschrockene Schüler schrie und lachte auf. In der Regel ging er daraufhin zurück zu seinem Platz, da er glaubte, sein Vertrauen unter Beweis gestellt zu haben; ich winkte ihn dann aber wieder zurück. Dann fragte ich die Klasse: „Glaubt ihr, er vertraut mir wirklich?"

„Nein!", kam als Antwort zurück.

„Was könnte er denn tun, um sein Vertrauen zu mir zu beweisen?"

Und jedes Mal gab es jemanden, der sagte: „Legen Sie seinen Finger dort rein!", und die Klasse brüllte zustimmend. Ich tat immer erst so, als wäre ich entsetzt, ermutigte den Schüler dann aber, seinen Finger in die Rattenfalle zu legen und mir zu vertrauen, dass ich ihn beschützen würde. Nach großem dramatischen Spannungsaufbau legte der Schüler — oder ein anderer Freiwilliger, falls der Schüler ausstieg — seinen Finger in die Falle.

Man hätte eine Stecknadel fallen hören können und natürlich auch die Metallzähne, doch selbstverständlich hörte man sie nicht.

Die Klasse applaudierte dann für den inzwischen bleichen Freiwilligen, der jedoch noch immer mehr Farbe im Gesicht hatte, als der Lehrer, der die Stunde beaufsichtigte. Dann zeigte ich ihnen den winzigen Schnapper der Rattenfalle, der beim ersten Mal angelegt war, den ich für die ‚Finger-Version' allerdings heimlich deaktiviert hatte.

Die einzige Person im Raum, die alle Fakten kannte, war ich. Ich konnte die Schüler bitten, etwas Unvorstellbares zu tun, weil ich alle Details kannte. In jenem Moment im Klassenzimmer und in Bezug auf dieses Ereignis war ich allwissend.

Um zuerst nach Gottes Reich zu trachten, müssen wir verstehen, dass Gott alles weiß. Er kennt alle Fakten.

Geistige Reife: die stille Zuversicht, dass Gott Herr der Lage ist.[21]

Bei *Trachte zuerst* vertrauen wir einem Prinzip, das uns auf unserer Glaubensreise vorwärtstreibt, selbst wenn alle physischen Gegebenheiten „Nein!" schreien. Diese Reise nimmt keine Abkürzungen, doch sie bringt dich zum Staunen und sie dauert bis in alle Ewigkeit.

Unser Hamsterrad bietet hingegen nur kurzzeitige Belohnungen. Es hat seine ganz eigene Falle, die behauptet, großer Segen komme zu jenen, die etwas sehen müssen, um es zu glauben. Oder, um es anders auszudrücken: Großer Segen komme zu jenen, die danach trachten, Geschäfte mit Gott zu schließen.

Weil du mich gesehen hast, glaubst du. Selig sind, die nicht sehen und doch glauben.[22]

Sehen ist Glauben, doch Glauben ohne Sehen ist gesegnet.

Die Wolke ...

... oder die Linie ...

Wo lebst du?

Was es zu lernen gibt

Mein König hat einen Auftrag für mich. Er will, dass Sein Wille mir Befehl wird.

Er will nicht, dass ich nach schriftlichen Anweisungen in dreifacher Ausfertigung suche.

Das griechische Wort aus dem Neuen Testament für das Reich Gottes bzw. das Himmelreich ist das Wort *Basileia*. Es bedeutet ‚*Königsherrschaft*' oder ‚*Königreich*'.

Jesus sprach mehr als 100 Mal über Gottes Reich; es war Sein Lieblingsthema.

Zuerst nach Gottes Reich zu trachten, ist das grundlegende Prinzip.

Diejenigen, aus denen sich Gottes Reich zusammensetzen wird, sind jene, die wollen, dass Sein Reich kommt. Und sie wünschen es sich mehr als alles andere in der Welt.

Ich muss Gottes Reich zu meinem wichtigsten Anliegen machen.

Dafür mache ich Sein Reich zum größten Stein in meinem Leben, um den herum sich alles andere einfügt. Und dann vertraue ich darauf, dass Gott sich um alles andere kümmern wird.

Sofern ich den großen Stein Seines Reiches nicht zuerst reinlege, werde ich niemals alles reinkriegen.

Ob ich das tue, beurteilt Er nicht anhand dessen, was ich gebe, sondern anhand dessen, was ich zurückhalte.

TRACHTE ZUERST
Das Versprechen

Ausmalen

Frage: Kannst du dir so ein Leben ausmalen?

Ein Leben, in dem es bei der Rolle des Ehemanns weniger darum geht, Essen auf den Tisch zu bringen, als dafür zu sorgen, dass seine Familie nach Gottes Willen lebt — im Vertrauen darauf, dass Gott im Gegenzug dafür sorgt, dass es Brot auf dem Tisch gibt?

Ein Leben, in dem deine Entscheidungen als Single nicht von deiner Partnersuche, sondern von deiner Suche nach Gott bestimmt werden — mit der Überzeugung, dass Er auf dem Weg den richtigen Partner für dich findet?

Ein Leben, in dem deine Verantwortung als Leiter nicht darin liegt, deiner Organisation zum Wachstum zu verhelfen, sondern Gottes Prioritäten an die erste Stelle der Tagesordnung und der Finanzen zu setzen — im Vertrauen darauf, dass Er das Wachstum schenkt für das, was du leitest?

Wie befreiend wäre das!

Jesus lädt dich und mich zu Seinem Auftrag ein: die Dinge auf Erden so zu machen, wie die Dinge im Himmel sind.

Christsein bedeutet nicht einfach, für Jesus zu leben; es ist ein Leben für die Dinge, für die Jesus gelebt hat.

Christsein bedeutet nicht einfach, an Jesus zu glauben; es ist der Glauben an die Dinge, an die Jesus geglaubt hat.

Christsein bedeutet nicht einfach, Jesus zu vertrauen; es ist das Vertrauen in die Dinge, in die Jesus vertraut hat.

Christsein bedeutet nicht einfach, von Jesus überzeugt zu sein; es ist die Überzeugung von den Prinzipien, die Jesus uns anvertraut hat.

Die Prinzipien in Gottes Reich.

Wenn du diese Vision zu deiner obersten Priorität im Leben machst, dann *trachtest* du *zuerst*. Und wenn du das tust, dann gilt dir Sein Versprechen; wenn du es nicht tust, dann nicht. Er sucht nach Gelegenheiten, uns zu belohnen. Seine Gaben sind wie bestellt, maßgeschneidert, perfekt. Präzise und doch allgemein. Konkret und doch ganzheitlich. Wir können diese Gelegenheiten nicht dadurch erzeugen, dass wir nach dem Segen streben, aber indem wir nach Seinem Traum trachten. Und wenn wir zuerst nach Seinem Traum trachten, scheint Er immer das gewisse Extra dazuzugeben.

Allerdings werden Seine Verheißungen sich nicht immer als das entpuppen, was wir erwarten.

Dinge

Anwendung #1: *Trachte zuerst und Er wird dich mit dem belohnen, was man mit Geld nicht kaufen kann.*

In den Jahren, in denen ich Gott gefolgt bin, habe ich manchmal Sein Reich zu meinem wichtigsten Anliegen gemacht und manchmal nicht. Dabei habe ich einiges über diese Dynamik gelernt. Ich denke, dass es sich so verhält:

Gott gibt dir vielleicht nicht das Geld, mit dem Menschen Dinge kaufen, aber Er gibt dir die Dinge, die Menschen mit Geld kaufen.

Er macht dich vielleicht nicht reich, aber Er gibt dir die Sicherheit, die sich wohlhabende Menschen erhoffen.

Er gibt dir vielleicht kein schnelles Auto, aber Er gibt dir das Ansehen, für das Menschen schnelle Autos kaufen.

Er gibt dir vielleicht keinen Ruhm, aber Er gibt dir den Einfluss, von dem berühmte Menschen träumen.

In den vergangenen zwanzig Jahren habe ich gesehen, wie dies auf vielfältige Art und Weise passiert ist. Die Dinge, die Er gibt, sind auf jede Person genau zugeschnitten. Zum Beispiel weiß er, dass ich total auf Abenteuer stehe. Ich liebe Skifahren, Surfen, Segeln und Reisen. Hier habe ich einige Abenteuer aufgelistet, die Gott mir ermöglicht hat, einmal ganz abgesehen von meiner wunderbaren Familie.

Ich habe mich als Sporttaucher qualifiziert und habe verschiedene Teile Europas erkundet.
Ich bin sowohl in den Kanadischen als auch in den amerikanischen Rocky Mountains Ski und Snowboard gefahren.
Ich habe die griechischen Inseln von Athen bis zum Olymp mit einem Schoner besegelt.
Ich bin mit einer Rockband überall im Vereinigten Königreich aufgetreten und habe Lieder aufgenommen, die ich selbst geschrieben habe.
Ich bin an einigen der besten Orte der Welt gesurft.
Ich habe einige Wochen lang in Barbados gelebt, direkt neben dem exklusivsten Strandabschnitt.
Ich bin in Deep Cove und auf dem Rampa River Kajak gefahren.
Ich bin in Thailand auf einem Elefanten geritten.

Diese Aufzählung einiger meiner Abenteuer mag für jemanden, der aus guten Verhältnissen stammt oder keine Leidenschaft für diese Dinge hegt, nicht sehr beeindruckend sein. Ich aber konnte meine Wunschliste von Dingen, die ich im Leben unbedingt tun wollte, schon vor langer Zeit abhaken und arbeite bereits an einer neuen. Was diese Liste für mich noch bemerkenswerter macht, ist die Tatsache, dass mein Dienst ein geringes Einkommen mit sich bringt, manchmal sogar unter dem Existenzminimum. Viele Punkte der Liste waren Geschenke, doch das meiste geschah als Teil meines Abenteuers. Man könnte fast meinen, sie geschahen, *weil* ich damit beschäftigt war, Gottes Reich voranzubringen.

Viele Menschen haben die Dinge getan, die ich getan habe. Doch wie viele blicken zurück und wissen, dass sie Gottes Reich an zweite, dritte oder vierte Stelle auf ihrer Prioritätenliste gesetzt haben, um diese Dinge zu erreichen?

Gott gibt dir nichts, was für dich zu einem Gott wird.

Natürlich kannst du es dir selbst beschaffen, aber dann musst *du selbst* es auch aufrechterhalten. Nur so ein Gedanke.

Bibelstelle

Anwendung #2: *Trachte zuerst und Er schlägt deine Schlacht für dich.*

Ich glaube, dass Beziehungen einen Menschen formen. Die Personen, mit denen du Zeit verbringst, zeigen dir mehr oder weniger die Person, die du am Ende selbst sein wirst. Meiner Meinung nach ist die Entscheidung, wen du heiratest, die zweitwichtigste Entscheidung, die du je in deinem Leben treffen wirst.

Eine Frage auf der Linie ist: *Ist er oder sie Christ?*

Die Frage eines Menschen, der ein Leben in der Wolke führt, ist: *Wird diese Person zusammen mit mir zuerst nach Gottes Reich trachten?*

Da gibt es einen Unterschied. Die eine Frage hakt einen Punkt auf einer Liste ab. Die andere eröffnet Perspektiven, die jegliche Art des Denkens in Checklisten sprengt.

Nachdem ich bereits mehrere Beziehungen durchlebt hatte, schwor ich im Alter von einundzwanzig Jahren, zuerst nach Gott zu trachten, anstatt eine Frau zu suchen. Ich schwor mir, nur nach einer Frau zu suchen, die zuerst nach Gott trachtet, bevor sie mich zu gewinnen versucht. Ungefähr ein Jahr später traf ich die Foxy Lynn.

Im ersten Buch der Trilogie von Gottes Reich *(Pioniere in Gottes Reich)* erzähle ich einen Teil unserer Geschichte, darunter auch von unserem ersten Date, bei dem wir rückwärts in ein Polizeiauto fuhren, und den merkwürdigen Ereignissen, die bestätigten, dass sie die Richtige ist. Im Grunde kam ich zu dem Schluss, dass sie Gott liebte und Ihm wirklich folgen wollte. Das Buch überspringt, was als Nächstes geschah, und konzentriert sich auf meine Vision. Hier möchte ich aber die ganze Geschichte erzählen.

In mir erwuchs irgendwann einmal das Gefühl, dass ich Missionar werden würde (nur um dann später festzustellen, dass ich dazu berufen bin, andere zu Missionaren auszubilden). Ich wollte dafür ein Training durchlaufen und dann in irgendein fernes Land gehen, vielleicht nach Papua-Neuguinea oder Asien. Lynn trennte sich von mir, denn sie wusste, dass ihre Berufung nicht der Vision entsprach, die ich für die meine hielt. Also entschied ich mich, den nächsten Schritt zu gehen, den Gott mir gegeben hatte — einen Ausbildungskurs für Missionare in Schottland, für den ich zusammen mit den anderen Auszubildenden in einem alten Herrenhaus mitten im Nirgendwo untergebracht war. Tatsächlich lag die nächste Fish-and-Chips-Bude fünfzehn Minuten entfernt! Okay, das war vielleicht kein gravierendes Opfer, doch was die Sache schwer machte, war, dass ich mich wirklich einsam fühlte. Ich vermisste meine eine wahre Liebe, die sehr verärgert und traurig über mich war. Schließlich machte ich mir klar, dass ich mir selbst keinen Gefallen mit diesen Gedanken tat, und fasste den Entschluss, zu beten und zu fasten, dazu entschlossen, Lynn zu vergessen, wenn es denn das Richtige war.

Als ich meine Bibel an der Stelle aufschlug, die mein Leseplan für den Tag vorsah, las ich Folgendes:

> *Zwei haben es besser als einer allein, denn zusammen können sie mehr erreichen. Stürzt einer von ihnen, dann hilft der andere ihm wieder auf die Beine. Doch wie schlecht steht es um den, der alleine ist, wenn er hinfällt! Niemand ist da, der ihm wieder aufhilft! Wenn zwei in der Kälte zusammenliegen, wärmt einer den anderen, doch wie soll einer allein warm werden? Einer kann leicht überwältigt werden, doch zwei sind dem Angriff gewachsen. Man sagt ja auch: „Ein Seil aus drei Schnüren reißt nicht so schnell!"*[23]

Ich war verwirrt. Anstatt mir dabei zu helfen, meine ‚Ex' zu vergessen, schien ich in dem Gedanken ermutigt zu werden, dass sie doch Gottes Wahl für mich war. In meiner Naivität rief ich Lynn sofort an, um ihr die ‚Guten Neuigkeiten' mitzuteilen. Sie war offenkundig nicht beeindruckt. Sie wurde sehr still, als ich ihr die Bibelstelle vorlas und legte dann einfach auf. Als ich schließlich wieder nach Hause zurückkehrte, besuchte ich Lynn sofort.

Sie wollte nicht mit mir reden.

Doch zwölf Tage später waren wir verlobt und wollten heiraten.

Es stellte sich heraus, dass Gott die Sache für mich in die Hand genommen hatte. Am selben Tag, als ich die Stelle im Buch Prediger gelesen hatte, hatte Lynn sie auch gelesen! Stell dir ihre Überraschung vor, nachdem sie in ihrer Morgenandacht die Worte *„Zwei haben es besser als einer allein, denn zusammen können sie mehr erreichen"* gelesen hatte und dann aus heiterem Himmel einen Anruf von mir bekam, in dem ich dieselbe Stelle mit ihr teilte.

Dieser ‚Zufall‘ allein überzeugte sie nicht von unserer gemeinsamen Zukunft, doch er half.

In den zwölf Tagen nach meiner Heimkehr geschahen einige seltsame Dinge. Ich war inzwischen überzeugt davon, dass wir einander heiraten würden, doch Lynn tat sich noch schwer mit der enormen Tragweite der Entscheidung und vielleicht auch damit, wie ihr Leben dann aussehen würde. Aber der König schlug noch immer meine Schlacht für mich. Am elften Tag spazierten wir durch das Stadtzentrum von Manchester, inmitten von dichtem Verkehr, belebten Geschäften und Bürohochhäusern. Als wir gerade an der Bibliothek vorbeikamen, in der das älteste Bruchstück der Bibel der Welt lag, schaute Lynn mich an und sagte:

> „Wenn wir dort um die Ecke gehen und dann eine Hochzeit sehen, werde ich dich heiraten."

Ich glaube nicht wirklich daran, Gottes Führung durch diese Art von Test oder ‚Vlies‘, wie einige Christen es nennen, zu erkennen. Außerdem wurde mir bei ihrer Äußerung klar, dass sie sich sehr darum bemühen würde, mir zu zeigen, dass ich falsch lag. Als wir aber an der Ecke ankamen, zeigte mir Gott, wie weit Er gehen würde, um uns davon zu überzeugen, dass Er richtig lag.

Direkt vor uns, mitten auf der Kreuzung, sahen wir die weißeste Hochzeit, die je gefeiert wurde. Das Wort fassungslos ist nicht einmal eine annähernd passende Beschreibung. Ich habe vierzig Jahre lang in Manchester gelebt und bin als Erwachsener vermutlich schon tausendmal die Straßen im Stadtzentrum entlang gegangen. Ich hatte noch nie zuvor eine Hochzeit im Stadtzentrum von Manchester gesehen. Und seither habe ich keine zweite gesehen.

Noch am selben Tag kauften wir unsere Ringe.

Also, was ist Sein Versprechen?

Wenn du für das Herz des Königs kämpft, wird Er für deins kämpfen!

Villa

Anwendung #3: *Trachte zuerst und Er wird Dinge nicht vor dir, sondern für dich verstecken.*

Lynn und ich haben eine Menge Geschichten zu erzählen.

Eine davon wird ebenfalls in Auszügen im Buch *Pioniere in Gottes Reich* erzählt. Allerdings ist es nur die erste Hälfte einer Reihe außergewöhnlicher Ereignisse in Bezug auf unser erstes Zuhause. In dem Buch erzähle ich davon, wie wir als Paar an unserem Prinzip festhielten, das Training und Programm von Pais kostenlos anzubieten, um mehr Menschen trainieren zu können, die Gottes Auftrag umsetzen. Diese Entscheidung hatte unser Einkommen sehr stark begrenzt. Ich habe die bizarre Geschichte erzählt, die mit einem Mord begann und damit endete, dass unsere Kommune uns knapp 100.000 Dollar dafür gab, unser baufälliges Haus wieder aufzubauen. Die Renovierung fügte unserem 100 Jahre alten Haus weitere Zimmer, einen neuen Garten und moderne Einrichtungen hinzu und steigerte seinen Wert.

Gott hatte bereits ein Wunder vollbracht!

Doch manchmal bestehen Gottes Versprechen nicht nur aus den Dingen, die Er uns gibt, sondern auch aus den Dingen, die Er uns nimmt.

Wir hatten sechs Jahre lang in unserem brandneuen Zuhause in einer kleinen Gemeinde aus vier renovierten Straßenzügen gelebt und nun trat ein vorhersehbares Problem auf. Der Stadtrat hatte Millionen in Ziegel und Mörtel gesteckt, doch die Wohngegend behielt noch immer ihren Namen „Ghetto unterprivilegierter Versager" und war so schlimm wie zuvor.[24] Die Ausgaben in Millionenhöhe konnten die echten Probleme nicht lösen, also entschied die Kommune, alles abzureißen und als neues Bauland auszuweisen. Im Prinzip kaufte uns die Regierung aus, doch was sie uns bot, war viel weniger als das, was wir brauchten, um ein ähnliches Haus in einem angemessenen Stadtviertel zu kaufen.

Hatten Gottes Versprechen ein Ende gefunden?

Wie ich bereits gesagt habe, versorgt Gott uns manchmal, indem Er uns die Wahlmöglichkeiten streicht. So wurde uns zum Beispiel ein weiterer Zuschuss für den Hauskauf angeboten, doch das Haus, für das wir uns entschieden, lag gerade außerhalb des Gebietes, für das der Zuschuss galt. Nachdem wir uns viele andere Häuser angesehen hatten, fanden wir schließlich eins, bei dem alle Rahmenbedingungen passten und auf das sich sechs Monate lang niemand beworben hatte. Als wir ein Angebot machten, das knapp unter dem inserierten Preis lag, kam ein neuer Käufer und begann einen Angebotskrieg, den wir nicht gewinnen konnten. Der Hausbesitzer entschuldigte sich schriftlich bei uns und sagte, dass unser Konkurrent eingewilligt hatte, „so viel zu zahlen, wie nötig war". Nur kurze Zeit nachdem diese Tür sich geschlossen hatte, öffnete sich eine neue und sehr überraschende — eine Einladung, nach Amerika zu ziehen.

Es folgte eine Reihe merkwürdiger Umstände, darunter ein Rekordhoch im Währungskurs, welches den Wert des Pfunds fast auf das Doppelte des Dollars hob, die niedrigen Wohnkosten in Texas und unerwartete finanzielle Unterstützung. All dies führte dazu, dass wir ein Haus kaufen konnten, das unsere kühnsten Träume übertraf. Wir verließen ein kleines Haus mit Terrasse und zogen in eine gewaltige ‚Villa' mit vier Schlafzimmern.

Erst kurz zuvor hatten wir uns gefragt, ob wir jemals ein Zuhause kaufen könnten, welches dem gleichkam, das wir verlassen mussten. Jetzt zogen wir in ein Haus mit einem begehbaren Wandschrank, der ungefähr die Größe unseres vorigen Schlafzimmers hatte. Es hatte vorne und hinten einen Garten und ein Arbeitszimmer für mich, das größer war, als jeder Raum in unserem alten Haus. Und um dem Ganzen die Krone aufzusetzen, hatte ich nun auch einen Swimmingpool.

Doch der Grund dafür, dass ich diese Geschichte erzähle, ist eine kleine überraschende Wendung.

Während meines ersten Besuchs zurück in England fuhr ich an dem letzten Haus vorbei, für das der andere Kaufinteressent „so viel wie nötig" geboten hatte. Es war nicht bewohnt und es gab auch kein ‚zu verkaufen' oder ‚zu vermieten' Schild. Stattdessen hing dort der recht eigenartige Hinweis: „Bei Interesse wenden Sie sich bitte an folgende Nummer". Und da ich generell sehr interessiert bin, rief ich an.

Das Haus war von einem Handwerker gekauft worden, der mir mit einer Reihe von Kraftausdrücken mitteilte:

> „Ich weiß nicht, was ich mit dem Haus anfangen soll. Vor etwa einem Jahr bin ich daran vorbeigefahren und irgendetwas ließ mich anhalten und das Haus kaufen. Also steckte ich einen Zettel durch die Tür und bot dem Besitzer soviel an, wie er verlangen würde. Es ist wirklich verworren; ich weiß nicht, was ich damit anfangen soll."

Es ist wahr: Gott versteckt Dinge nicht *vor* uns, sondern *für* uns. Ein Leben, in dem du zuerst nach Gottes Reich trachtest, hat viele blinde Flecken, aber im Endeffekt ist es die beste Sichtweise auf die Welt!

Trachte zuerst nach Gottes Reich und womöglich versteckt Er Gutes vor dir, damit Er dir das Beste geben kann.

Übertragbarkeit

Anwendung #4: *Trachte zuerst und erlange Weisheit, auf die du ein Leben lang zurückgreifen kannst.*

Ein gutes Beispiel für In-der-Wolke-Denken gibt die Bibel im ersten Kapitel vom Buch Daniel. Die Juden wurden in die Gefangenschaft geführt, doch dieser junge, gutaussehende Ritter, der gezwungen war, einem fremden König zu dienen, trug Gottes Reich in seinem Herzen und dessen Prinzipien in seinem Denken. Viele von Daniels Eigenschaften sind bekannt. Er war qualifiziert, kompetent und körperlich vollkommen. Doch die Beschreibung ‚von schneller Auffassungsgabe'[25] geht beinahe unter in dieser Liste. Als Daniel Nahrung angeboten wurde, die Götzen geopfert worden war und von der er wusste, dass sie Gott missfallen würde, weigerte er sich, davon zu essen. Stattdessen schlug er eine Alternative vor:

> *Versuche es doch zehn Tage lang mit deinen Knechten, dass man uns Gemüse zu essen und Wasser zu trinken gebe! Und dann möge unser Aussehen und das Aussehen der jungen Männer, die die Tafelkost des Königs essen, von dir geprüft werden! Dann verfahre mit deinen Knechten je nachdem, was du sehen wirst!*[26]

Es wurde eine Vereinbarung getroffen. Er wurde untersucht und er stellte sich als gesünder heraus als jeder andere. Von dem Augenblick an wuchs sein Einfluss.

Woher wusste er, was zu tun war? Wie hatte er erraten, was geschehen würde? Es gibt keine Prophetie oder konkrete Richtlinie im Gesetz darüber, wie er in so einem Vorfall handeln sollte.

Er brauchte keine; er verstand ein Prinzip. Dadurch erlangte er Weisheit, die *übertragbar* ist.

Prophetien sind einfach eine weitere Art von Lebensumständen. Sie sind äußerst nützlich für den Augenblick oder die Situation, für die sie gelten, doch für viel mehr eignen sie sich nicht.

Ein Prinzip in Gottes Reich übertrumpft eine Prophetie damit, dass es uns lehrt, *wie* wir denken können und nicht *was* wir denken sollen.

Ein Prinzip in Gottes Reich übertrumpft ein Gesetz darin, dass es übertragbar ist.

Prophetien prägen uns nicht. Prinzipien schon.

Ideen zum Nachdenken

Stell dir dieses Prinzip in Gottes Reich als Grundlage deiner Welt vor.

In der Übung in diesem Kapitel hast du dir vorgestellt, wie es wäre, wenn alles in deinem sozialen Umfeld genauso abliefe, wie die Dinge im Himmel vor sich gehen. Welche Bilder kommen dir in den Sinn? Wie hast du dir Jesu Gebot ausgemalt, Gott und einander zu lieben, und zwar ganz konkret bezogen auf deinen Supermarkt um die Ecke? Was für ein Film lief vor deinem geistigen Auge ab, als du dir vorgestellt hast, wie Seine Gnade und Erbarmen deine Wohngegend bestimmen? Welche Szenarien fielen dir ein, als du dir vorgestellt hast, dass gleichermaßen Sein Maß an Ehrlichkeit, Rechtschaffenheit und Moral an deinem Arbeitsplatz herrschen?

Wie muss sich dein eigenes Verhalten verändern, damit diese Vision Wirklichkeit werden kann? Zeichne weiter unten eine Wolke und schreibe deine Gedanken hinein.

2

RICHTEN UND GERICHTET WERDEN

RICHTEN UND GERICHTET WERDEN
Das Problem

Verbindung

Leben auf der Linie ist verwurzelt im Individualismus.

Als kleiner Junge ging ich in unseren Familienurlauben am Meer immer gerne entlang der Bootsanleger spazieren. Es gab dort hölzerne Aufsteller mit Bildern, die mich immer zum Lachen brachten. Das waren klischeehafte Karikaturen von dünnen alten Männern, mit Bikini bekleidete Mädchen oder übergewichtige vergnügte Frauen mittleren Alters; wo das Gesicht hätte sein sollen, prangte jeweils ein großes Loch. Lustig wurde es dann, wenn jemand seinen Kopf durch dieses Loch steckte und davon ein Foto gemacht wurde. Die größte Nichtübereinstimmung rief dabei immer die größten Lacher hervor. Zum Beispiel hat mein Opa einmal sein siebzig Jahre altes Gesicht in den Kopf eines muskelstrotzenden Rettungsschwimmers gesteckt und gefragt: „Was ist denn so lustig?"

Traurigerweise geben uns diese Aufsteller, wie sie dort am Meer standen, Einblick darein, warum auch die Kirche zum Gespött werden kann ...

Der Körper passt nicht immer zum Kopf.

Die Kirche ist der Leib Christi. Jesus ist ihr Kopf. Je größer die Nichtübereinstimmung umso alberner scheint die Sache.

Und darin liegt das Problem.

Gottes Gesetz war dazu gedacht, eine Gemeinschaft zu schaffen, die mithilfe eines Systems menschlicher *Verantwortung* auf sich selbst achtgibt. Doch wir haben versucht, eine Gemeinschaft zu erschaffen, die mit einem System von Menschen*rechten* auf sich selbst achtgibt.

Menschen*rechte* gegenüber menschlicher *Verantwortung*.

Haben wir das Evangelium so stark individualisiert, dass wir nicht verstehen, wie Jesus es verbreiten wollte?

Jesus hat Menschen in Gruppen ausgesandt.

Warum? Weil es die Verbindung zwischen Menschen ist, die Gottes Reich sichtbar macht, nicht einfach der Mensch an sich.

Ich glaube, wir haben diese entscheidende Tatsache vergessen, da Menschenrechte unsere Kultur beherrschen. Ich kann ein Gespräch mit Christen führen, die denken, beim Christsein ginge es schlichtweg um die eigene Beziehung mit Jesus, die eigenen Bedürfnisse, die eigene Vision. Ich kann in ein Café gehen und dort Nachfolger Jesu antreffen, die keine Notwendigkeit dafür sehen, ein engagiertes Mitglied einer Gemeinde zu sein. Sie können ihren Input ja von YouTube bekommen und Anbetungsmusik direkt in ihre Kopfhörer streamen.

Sie haben den Sinn von Gemeinde völlig missverstanden.

Haben wir Jesu Lehre über den Leib falsch ausgelegt? Hat die Art und Weise, in der wir einer Gemeinde beigetreten sind, die Art und Weise bestimmt, in der wir sie wieder verlassen haben? Und viele haben die Gemeinden verlassen.

Wenn ich meine Beziehungen aus den Augen verliere, verliere ich das aus den Augen, worauf mein Glaube sich gründet. Ich bin dazu bestimmt, ein Ritter zu sein und das Image der Kirche zu retten. Doch dafür muss ich gewillt sein, einen Gegner zu besiegen, der sich darum bemüht hat, den Leib Christi in seinem Wesen zu pervertieren.

Pervertieren: zu einem falschen Ende oder Ziel hin umlenken

Der Teufel täuscht uns und führt uns von einem Extrem zum nächsten. Er versucht, in uns eine Religion voranzubringen, die entweder *unpersönlich* ist oder in der die *Person* zur Religion wird. Wir folgen einer Religion, in der wir unseren ganz eigenen *persönlichen* Jesus haben können.

Das ist also das Problem, vor dem wir stehen:

Was, wenn unsere Verbindung zueinander Gottes Verbindung mit uns beeinflusst?

Was, wenn wir denken, wir könnten ein Versprechen gegenüber anderen Menschen brechen, ohne dabei ein Versprechen gegenüber Gott zu brechen?

Was, wenn Gott sich nicht mit einer Gruppe zusammentun will, die einander aus den falschen Gründen richtet?

Was, wenn wir im Kampf für unsere persönlichen Rechte gegen Gottes Plan ankämpfen?

Es kann sein, dass Gottes Geist mit so einer Religion zu kämpfen hat.

613

Gemäß der Tradition, die in Jesu Religion herrschte, hat Gott den Menschen 613 Gebote in der Thora gegeben. Was an dieser Zahl interessant ist, ist der darin versteckte Fingerzeig, ein Hinweis auf eine versteckte Bedeutung und tiefere Wahrheit.

Von den 613 Geboten sind 248 positiv (Dinge, die ich tun soll) und 365 negativ (Dinge, die ich nicht tun soll). Das stimmt überein mit den 248 Knochen und 365 Muskeln im menschlichen Körper, in der Art, wie sie der Talmud einordnet.[27] Das ist eine Andeutung. Der Schlüssel zu Gottes Reich ist ein Körper, keine Einzelperson.

Das Revolutionäre daran: Es ist physisch für eine Person unmöglich, alle 613 Gebote zu befolgen.

> Um einige von ihnen zu befolgen, musst du ein Priester sein.
> Um andere zu befolgen, musst du ein Mann sein.
> Um wieder andere zu befolgen, musst du eine Frau sein.
> Einige wenige kannst du nur befol-
> gen, wenn du im Land Israel lebst.

In anderen Worten: Der einzige Weg, auf dem Israel gerettet werden konnte, lag in der Gemeinschaft! Jesu Gleichnisse beschreiben eine Gemeinschaft, die zuerst nach Seinem Reich trachtet, indem sie andere an erste Stelle setzt. Das ist Seine Art, Gottes Liebe für die Welt zu zeigen. Ein klassischer Fall davon, dass Seine Gedanken sich von unseren unterscheiden.

Im Sinne von Jesus kann eine Einzelperson Gottes Reich *nicht alleine* abbilden.

Er verspricht, dass *wir* unseren Gegner durch das Blut des Lammes und das Wort *unseres* Zeugnisses überwältigen werden. Plural, nicht Singular.

Ein junger Mann, der in eine Gang mit Namen ‚The Wolf Pack' geraten war, hat vor kurzem darüber berichtet, wie er sich zu einem Pais Team hingezogen fühlte. Als er dazu befragt wurde, was ihn beeinflusst hatte, sagte er, dass ihre Sprache ‚rein', frei von Schimpfwörtern und Kraftausdrücken war. Außerdem konnte er:

> „... ein Licht in ihren Augen sehen, in ihnen allen, nicht nur in einem."[28]

Er betonte *allen*.

Eine Einzelperson mag einmalig sein, aber ein Team zeigt ein Muster auf.

Es ist das Zeugnis von einem *Leib* aus vielen Menschen, nicht von einem Einzelnen, das unseren geistigen Feind überwinden wird.

Verwandlung

Jesus kam, um eine geistige Verwandlung einzuleiten, die nie dafür gedacht war, nur den Geist zu verwandeln. Sie war dafür gedacht, die *Welt* zu verwandeln.

Doch wie würde Er diese Verwandlung einleiten?

Würde sie auf politischem Wege kommen?

Zu Jesu Zeiten gab es im Wesentlichen vier politische und philosophische Gruppen.

> *Die Zeloten hofften auf einen militärischen Anführer, der eine neue Weltordnung aufstellen und dafür zuallererst die Römer stürzen würde ... doch wurden von einem Jesus enttäuscht, der Seine Jünger lehrte, das Marschgepäck ihrer Gegner eine Extra-Meile zu tragen.*

> *Die Sadduzäer waren ziemlich zufrieden damit, Gemeinde zu spielen, und ignorierten viele Probleme der damaligen Zeit. Sie hätten einen Rabbi geliebt, der die Extra-Meile predigt und nicht für Unruhe sorgt, ... doch wurden von einem Mann bedroht, der ein völlig neues Reich Gottes predigte.*

> *Die Essener lehnten die allgemeine jüdische Bevölkerung als weltlich ab und errichteten ihre eigene neue Weltordnung in Isolation. Und obwohl ihre Philosophie von Gemeinschaft und vom Teilen wie auch ihr Bekenntnis zu einem weniger materialistischen Lebensstil offenbar einen Einfluss auf Jesus hatten … waren sie doch verwirrt von einem Messias, der sich einer Stadt zuwandte, die sie verworfen hatten.*

> *Die Pharisäer lehrten, dass wenn Israel erst einmal sein Leben in Ordnung brächte und die Sünde loswürde [das heißt, die Sünder], dann würde Gott den Messias senden. Sie meinten, sie hätten das große Los gezogen, als Jesus Seinen Talmidim lehrte, das zu tun, was sie lehrten, … doch wurden für immer vergrault, als Er den Talmidim verbot, nach dem Beispiel der Pharisäer zu handeln.*

Jede der vier Gruppen hatte eine andere politische Agenda und benutzte ihre Religion, um diese voranzutreiben.

Weißt du, warum die Urgemeinde aufhörte, sich mit den Juden in den Synagogen zu treffen? Es liegt zum Teil daran, dass zum Ende des ersten Jahrhunderts die Pharisäer den achtzehn Segenssprüchen der Amida einen Fluch gegen die Nachfolger Jesu und die Samariter beifügten.[29] Infolgedessen konnten die Jünger nicht mehr mit ihren jüdischen Brüdern verbunden sein. Die Pharisäer hatten ihre Religion erfolgreich zu ihrem eigenen, persönlichen Vorteil genutzt.

Kann Gottes Reich also politisch sein? Ja. Wenn die Definition von Politik die Art und Weise ist, in der eine Gesellschaft sich selbst strukturiert, dann lagen die Jünger richtig mit ihrer Erwartung, dass Jesus ein Reich bringen würde, das politisch ist. Allerdings lagen sie falsch in der Annahme, Sein Königreich würde auf politischem Wege *kommen*.

Es sollte weder politisch noch mit Gewalt kommen, wie die Zeloten es erwarteten, noch durch die Beschwichtigungspolitik, welche die Sadduzäer propagierten. Es sollte weder durch die separatistische

Politik der Essener eintreffen, noch durch das passiv-aggressive System religiöser Politik der Pharisäer.

Es kam durch ein neues Gebot.

> *Ein neues Gebot gebe ich euch: Liebt einander! Wie ich euch geliebt habe, so sollt auch ihr einander lieben. Daran werden alle erkennen, dass ihr meine Jünger seid: wenn ihr einander liebt.*[30]

Ein neues Gebot mit einem Prinzip in Gottes Reich im Herzen.

Fragestellungen

Habe ich meinen Glauben individualisiert?

Mache ich mir Gedanken über den Ruf von Gottes Leib?

Was ist mir am wichtigsten im Hinblick darauf, dass ich Teil der Menschheit bin — meine *Rechte* oder meine *Verantwortung*?

Wenn ich für meine individuellen Rechte kämpfe, kämpfe ich dann gegen Gottes Plan?

Habe ich das Ziel der Gemeinde falsch verstanden?

Denke ich, dass es beim Christsein schlichtweg um meine Beziehung mit Jesus geht?

Beeinflusst meine Verbindung mit anderen Menschen Gottes Verbindung mit mir?

Denke ich, dass ich ein Versprechen gegenüber Menschen brechen kann, ohne damit ein Versprechen gegenüber Gott zu brechen?

Wie würde ich mich fühlen, wenn Gottes Belohnungen für mich Auswirkungen auf mein Umfeld, aber nicht auf mich selbst hätten?

Bewegt mich das, was den König bewegt?

Wehre ich mich dagegen, Seinen Gleichnissen entsprechend zu handeln, weil ich mich im Grunde gegen Seinen Plan wehre? Laufe ich vielleicht Gefahr, Gottes Plan zu verfehlen?

RICHTEN UND GERICHTET WERDEN
Das Prinzip

Wie kann es sein, dass zwei Menschen ähnliche Dinge tun, im Reich Gottes aber unterschiedlich behandelt werden? Am nächsten kommen wir einer Antwort durch Jesu Worte in Matthäus 7, 1-2:

> „Richtet nicht, damit ihr nicht gerichtet werdet! Denn so wie ihr über andere urteilt, wird man auch euch beurteilen, und das Maß, mit dem ihr bei anderen messt, wird auch euch zugemessen werden." (NeÜ)

> Richtet nicht, damit ihr nicht gerichtet werdet. Denn wie ihr richtet, werdet ihr gerichtet werden; und mit welchem Maß ihr messt, wird euch zugemessen werden. (LUT)

> Hört auf, andere zu verurteilen, dann werdet auch ihr nicht verurteilt. Denn andere werden euch so behandeln, wie ihr sie behandelt. Der Maßstab, nach dem ihr andere beurteilt, wird auch an euch angelegt werden, wenn man euch beurteilt. (NLB)

> Denn mit dem Urteil, mit dem ihr verurteilt, werdet ihr verurteilt. (Wörtlich im Griechischen)

Wenn *Trachte zuerst* das *grundlegende* Prinzip ist, dann ist *Richten und gerichtet werden* das *vergessene* Prinzip.

In Seinem Gebot sagt uns Jesus: Wie immer ihr euch entscheidet, andere zu behandeln, so wird Gott euch behandeln.

Wie oft hören wir das?

Gewöhnliche Predigten geben uns sechs oder sieben Schritte, um gesegnet zu werden, und lassen uns doch im Unklaren darüber, worum es geht:

Unsere Beziehung miteinander hat weitreichenden Einfluss auf unsere Beziehung mit Gott.

Manchmal vergessen wir dieses Prinzip, vielleicht in der Hoffnung, dass Gott es auch vergisst. Womöglich stellen wir das Konzept sogar infrage. Das ist schon einmal passiert …

> *Bin ich meines Bruders Hüter?*[31]

Doch Gott vergisst nicht und wir sollten es auch nicht.

Taschenrechner

Wenn Jesus recht hat, ist der Vater im Himmel nicht damit beschäftigt, auf einem antiken Rechenbrett akribisch Kügelchen hin- und herzuschieben. Er addiert nicht unsere Vergehen und vergleicht sie mit den Sünden anderer. Er ist nicht darauf aus, die Bestleistung von Regelbefolgern zu küren, deren moralischer Notendurchschnitt sie zu Klassenbesten macht.

Er hat kein Interesse daran, uns miteinander zu *vergleichen*, sondern Er will uns miteinander *verbinden*.

Menschen, die auf der Linie leben, fordern Gott mit *ihren* Fragen heraus:

Wie viel sollte ich vergeben?
Warum sollte ich vergeben?
Was sollte ich vergeben?

Hingegen werden Menschen, die ein Leben in der Wolke führen, von *Seinen* Fragen herausgefordert:

Ziehst du zuerst den Balken aus deinem eigenen Auge?
Vergleichst du dich selbst mit Mir und nicht mit ihm oder ihr?
Bist du der Erste, der den Stein fallen lässt,
und nicht der Erste, der ihn wirft?

Wir tun uns mit diesem Prinzip in Gottes Reich vielleicht schwerer als mit allen anderen. Wir holen unsere Geschichten darüber hervor, was uns jemand angetan hat. Wir verrechnen das, was *wir* getan haben, mit dem, was *sie* getan haben. Wir berechnen, wer Recht und wer Unrecht hat. Wir rechnen aus, ob wir vergeben sollten und wo wir einen Anspruch darauf haben, anderen unsere Vergebung zu verweigern.

Das ist viel Arbeit! Viel nutzlose Arbeit! Ich glaube nicht, dass unser Schöpfer im Hinblick auf Beziehungen an Plus- und Minuszeichen oder an Multiplikation und Division interessiert ist. Jesus kam, um uns ein Verständnis vom Herzen des Vaters zu bringen, damit wir den Taschenrechner wegwerfen können.

Und doch vergleichen wir uns miteinander.

Wir denken: „Wenn ich besser bin als der dort, dann bin ich mit Gott im Reinen."

Wenn du das Herz des Königs kennen willst, ist es nicht etwas, das du dir *ausrechnen* kannst; es ist etwas, das du dir *aneignen* musst.

Ritter, die diesem Prinzip in Gottes Reich folgen, werfen den Taschenrechner weg und gewinnen einen geistigen Kompass.

Gnade

Wie dürfen wir dieses Prinzip in Gottes Reich in Bezug auf die Wolke und die Linie verstehen? Das eine Extrem der Linie ist Rache, das andere ist Gerechtigkeit. Das wurde im Gesetz Mose so zusammengefasst:

> ... *Auge um Auge, Zahn um Zahn* ... [32]

Es ist ein Gebot, das auf den ersten Blick sehr hart erscheint. Es mag sogar grausam oder rachsüchtig erscheinen, aber ich möchte erklären, was dort vor sich ging, indem ich dir ein wenig Kontext zur Verfügung stelle.

Gott holt uns immer mitten in unserer Unwissenheit ab, hält unsere Hand und führt uns geduldig zu einem besseren Verständnis davon, wer Er ist und was Er von und für uns will. Um das zu tun, hat Er fünfmal einen Bund mit der Menschheit geschlossen, von denen uns jeder ein bisschen näher an die Art von Beziehung heranbringt, die Er sich wünscht. Er ging einen Bund mit Noah, Abraham, Mose, David und Jesus ein.[33]

In jedem dieser Schlüsselmomente in der Geschichte verhandelte der König Seine Beziehung mit Seinen Dienern neu. Jeder Bund brachte eine noch weiter ausgereifte Version hervor. Es begann mit Noah, der ‚ziemlich rechtschaffen' war, und führte zu den Jüngern Jesu, die der Sohn Gottes als *Freunde* bezeichnete, weil ihnen Verständnis gegeben worden war.[34]

Die Bibel berichtet, dass vor dem Gesetz Mose Rache herrschte. Zum Beispiel: Wenn ein Mann ausgeraubt wurde und im Kampf ein Auge verlor, nahmen seine Brüder Rache, indem sie den Dieb töteten. Das ist sehr weit vom Herzen des Königs entfernt, dessen Reich am besten durch eine Gemeinschaft von Menschen geformt wird, die auf Seine Art leben.

Dann führte Gott das Gesetz Mose ein und ersetzte Rache durch Gerechtigkeit. Auf einmal gab es eine Beschränkung. Wenn der Mann ein Auge verliert, dürfen seine Brüder nicht mehr die Todesstrafe einfordern, sondern nur Wiedergutmachung. Schließlich wurde ein ganzes Rechtssystem in der jüdischen Welt eingeführt, bei dem es hauptsächlich um finanzielle Entschädigungen für einen langen Katalog von Vergehen ging.

Es macht den Anschein, dass Gerechtigkeit der richtige Weg ist. Gerechtigkeit erfordert es, dass wir Lösungen finden und herausbekommen, was *fair* ist. Doch ist unsere Definition von *Gerechtigkeit* wirklich das, was in Gottes Herz ist?

Nein, da gibt es viel mehr. Es gibt eine Wolke und in der Wolke findest du keine Rache, nicht einmal schlichte Gerechtigkeit. Du findest *Gnade*.

Ein natürlicher Kompass zeigt zum wahren Norden. Ein geistiger Kompass zeigt zur wahren Gnade.

Hier gibt es ein Paradoxon: Wir können uns Gnade nicht verdienen, und doch ist es so, dass wir, weil wir anderen Menschen Gnade erweisen, selbst mehr Gnade empfangen. Es scheint keinen Sinn zu ergeben, aber in Gottes Reich ist alles möglich. Gnade veranlasst uns, die Extra-Meile zu gehen, und nur wenn wir sie gehen, bringen wir Gottes Reich voran.

Gnade *ist* die Extra-Meile.

Vorwärts

Jesus lag sehr viel daran, uns Gnade und dieses vergessene Prinzip in Gottes Reich zu vermitteln. Zur Veranschaulichung erfand Er sogar eine Geschichte. Darin geht es um einen hoch verschuldeten Diener, dem vom König seine immensen Schulden erlassen werden. Der Diener wiederum weigert sich, einem anderen Menschen eine Schuld zu erlassen, die dieser bei ihm hat. Als der König davon hört, überlegt er es sich anders und bestraft seinen Diener:

Deine ganze Schuld habe ich dir erlassen, weil du mich gebeten hast; hättest du dich da nicht auch erbarmen sollen über deinen Mitknecht, wie ich mich über dich erbarmt habe?[35]

Jesu Gleichnis gibt uns tiefere Einsicht in Gottes Herz als viele der realen Geschichten aus dem Alten Testament. Es bringt uns vorwärts.

Ich möchte das gerne erläutern, indem ich es mit einer anderen Textstelle vergleiche, mit der die Zuhörer Jesu gut vertraut waren. In 2. Samuel 11 wird berichtet, wie König David einem anderen Mann die Frau stiehlt, sie schwängert und daraufhin den Tod ihres Mannes in die Wege leitet. Dann taucht der Prophet Nathan auf und erzählt dem König eine Geschichte über einen reichen Mann, der einem ärmlichen Bauern sein einziges Schaf stiehlt. Als David in seiner Reaktion kein Erbarmen für den reichen Mann übrig hat und verlangt, dass der Dieb schwer bestraft werde, enthüllt Nathan, dass David selbst der reiche Mann aus der Geschichte ist. Dann richtet er David, genauso wie David den fiktiven Dieb gerichtet hat. David hatte den Tod gefordert, und Tod ist nun die Folge — der Tod seines Sohnes.

Die Geschichte von David und Nathan wirft eine Frage auf:

Wenn David anders auf die Geschichte reagiert hätte, wäre Gottes Richtspruch anders ausgefallen?

Jesu Gleichnis vom unbarmherzigen Diener hilft uns vielleicht dabei, uns für eine Antwort zu entscheiden. Achte auf den Unterschied zwischen Jesu fiktiver Geschichte und der historischen Nacherzählung von Davids Verhängnis. Erkennst du ihn? In den Geschichten aus dem Alten Testament haben wir oft keine Ahnung, wie Gott einen Gesetzesbrecher außerhalb des endgültigen Urteils behandelt hätte; in diesem Gleichnis bekommen wir allerdings einen Einblick. Der König wollte dem Diener seine Schuld vergeben — eine volle Begnadigung. Doch im Gleichnis ändert die Figur, die Gott repräsentiert, ihre Meinung. Im Grunde könnte man auch sagen, seine Meinung wurde ihm geändert.

Worauf Jesus hinauswollte, war nicht, dass Gott willkürlichen Launen folgt, sondern dass die Juden etwas in ihrem Verständnis über ihren Vater verloren hatten.

Jesus erinnerte Seine Zuhörer an das vergessene Prinzip.

Familie

Wie können wir Gottes Wort kennen, es aber nicht verstehen? Indem wir den Kontext übersehen.

Das Prinzip *Richten und gerichtet werden* kann nur dann vollständig verstanden und erfasst werden, wenn wir begreifen, dass es Teil einer größeren Wahrheit ist:

Jesus sieht unsere Hingabe zu Ihm an unserer Hingabe zu Seinem Leib.

Lynn und ich sind mit zwei unglaublichen Söhnen gesegnet, Joel und Levi. Ich liebe meine Familie mehr als alles in der Welt! Aber bringen sie mich manchmal in Verlegenheit? Natürlich tun sie das. Und enttäuschen sie mich manchmal? Natürlich tun sie das.

Nehmen wir jetzt einmal an, ich würde bei einer Konferenz einen Vortrag halten und einer der Zuhörer käme im Anschluss auf mich zu. Er erzählt mir davon, wie sehr ihm mein Vortrag gefallen habe und dass er überzeugt sei, dass wir gute Freunde werden könnten. Er lädt mich zum Mittagessen ein, erwähnt vorab aber noch, dass er meine Frau nervig finde und meine Kinder für verzogene Gören halte. Er hoffe aber, dass das unsere Beziehung nicht beeinträchtigen werde.

Daraufhin versucht er, mich zu umarmen. Er bekommt garantiert eine körperliche Reaktion von mir zu spüren, aber wahrscheinlich nicht die, die er sich erhofft hatte!

Das ist natürlich eine absurde und rein fiktive Situation ... oder vielleicht doch nicht? Ist es nicht genau das, was wir sonntagmorgens sagen?

> „Blende einfach die Menschen um dich herum aus und schau auf Jesus."

Bloß nicht! Der Sinn von Gemeinde ist doch, dass wir genau das Gegenteil davon tun! Wir müssen die anderen im Blick haben, während wir auf Jesus schauen! Wir haben die ganze Woche über Zeit für Gott und uns allein, so viel Zeit, wie es uns Wert ist. Die Gemeinde aber wurde geschaffen, um zusammenzukommen und ein Segen füreinander zu sein.

Herausforderung

Wir müssen begreifen, dass es unsere geistige Gesundheit ernsthaft schädigen kann, wenn wir dieses Prinzip vergessen. Wir können nicht länger ignorieren, was so grundlegend ist für den Umgang des Vaters mit dir und mit mir.

Dieses Prinzip ist kein isolierter Gedanke, sondern viel weitreichender. Schau dir einmal die folgenden Verse an:

> *... für seinen Leib, das ist die Gemeinde.*[36]

> *Ein reiner und unbefleckter Gottesdienst vor Gott, dem Vater, ist der: die Waisen und Witwen in ihrer Trübsal besuchen ...* [37]

> *Dann werden ihm die Gerechten antworten und sagen: Herr, wann haben wir dich hungrig gesehen und haben dir zu essen gegeben? Oder durstig und haben dir zu trinken gegeben?*

Wann haben wir dich als Fremden gesehen und haben dich aufgenommen? Oder nackt und haben dich gekleidet? Wann haben wir dich krank oder im Gefängnis gesehen und sind zu dir gekommen? Und der König wird antworten und zu ihnen sagen: Wahrlich, ich sage euch: Was ihr getan habt einem von diesen meinen geringsten Brüdern, das habt ihr mir getan.[38]

Denn wenn ihr den Menschen ihre Verfehlungen vergebt, so wird euch euer himmlischer Vater auch vergeben. Wenn ihr aber den Menschen nicht vergebt, so wird euch euer Vater eure Verfehlungen auch nicht vergeben.[39]

Diese Wahrheiten enthalten eine allgemeine Regel: Du kannst keine großartige Beziehung mit Gott haben und eine schreckliche Beziehung mit jedem anderen.

Wenn jemand sagt: „Ich liebe Gott!", aber seinen Bruder oder seine Schwester hasst, ist er ein Lügner. Denn wer seine Geschwister nicht liebt, die er ja sieht, wie kann er da Gott lieben, den er nie gesehen hat?[40]

Warum glauben wir, wir könnten einander mit Feindseligkeit und Bitterkeit begegnen und wenig Hingabe zum Leib Christi zeigen, und dennoch eine Gelegenheit dazu fordern, unsere Gaben für Seine Ziele einzusetzen?

Bist du jemand, der unbedingt etwas bewirken will, hast aber das Gefühl, dass du dich im Kreis drehst? Kannst du dir gegenüber ehrlich sein?

Kann es sein, dass du geistig nicht verwurzelt bist? Kann es sein, dass du eine Beziehung nach der anderen mit Gottes Menschen links liegen gelassen hast? Verlangst du noch immer von Gott, dich zu gebrauchen, doch weigerst dich, dich von anderen herausfordern zu lassen?

Kann es sein, dass in Wirklichkeit du Gott herausforderst?

Was es zu lernen gibt

Jesus sieht meine Hingabe zu Ihm an meiner Hingabe zu Seinem Leib.

Gott hat kein Interesse daran, mich mit anderen zu *vergleichen*, Er will mich stattdessen mit ihnen *verbinden*.

Der König ist sehr daran interessiert, wie und warum ich andere richte.

So wie ich andere behandle, wird Gott mich behandeln.

Jesu Gleichnisse zeigen, dass der König mir auf die Art und Weise vergibt, wie ich anderen vergebe.

Wenn ich Sein Prinzip missachte, fordere ich Ihn damit heraus.

Das Herz des Königs kann ich mir nicht *ausrechnen*, ich muss es mir *aneignen*.

In der Wolke ist keine Rache zu finden, nicht einmal schlichte Gerechtigkeit. Dort herrscht Gnade.

Gnade *ist* die Extra-Meile.

Der Sinn von Gemeinde ist, dass wir die anderen im Blick haben, während wir auf Jesus schauen!

RICHTEN UND GERICHTET WERDEN
Das Versprechen

Frage: Kannst du dir so eine Gemeinschaft vorstellen?

Eine Welt, in der ein Sohn seinen Vater betrügt, aber der Vater ihm, anstatt dass er ihm vergibt und dann mit vorsichtigem Argwohn behandelt, sein Unternehmen anvertraut.

Eine Welt, in der eine Frau ihren Mann betrügt, aber die Frau, anstatt dass ihr Mann ihr vergibt und sie dann emotional auf Abstand hält, eine noch tiefere und intimere Freundschaft erlebt.

Eine Welt, in der ein Dieb von einem reichen Mann stiehlt, aber ihm, anstatt dass ihm vergeben und ein Hausverbot erteilt wird, eine Arbeitsstelle gegeben wird.

Wäre das nicht wunderbar?

Wie sehr könnten wir Gottes Reich voranbringen, wenn wir auf Rache verzichteten und anstatt einfacher Gerechtigkeit Gnade walten ließen, in dem Vertrauen, dass unser mächtiger König uns das zurückgeben wird, was wir verloren haben?

Und wenn Gnade der Schlüssel dazu ist, warum ist es dann manchmal okay, ein Urteil über andere zu fällen, und manchmal nicht?

In Bezug auf unser alltägliches Leben stellt das ‚Richten' eine Art Weisheit dar ... Urteilsvermögen. Uns wurde geboten, alle möglichen Belange im Leben anderer Menschen zu beurteilen. Zum Beispiel sollen wir Sünde und Irrlehren als solche erkennen und beurteilen, wem wir folgen sollten und wem nicht, und ein weises Urteil darüber fällen, wen wir unsere Freunde nennen.

> *Wer mit den Weisen umgeht, der wird weise; wer aber der Toren Geselle ist, der wird Unglück haben.*[41]

Das Richten selber wird uns nicht nur erlaubt, wir werden dazu aufgefordert.

Als Jesus dieses Prinzip lehrte, sprach Er nicht über das *Richten an sich*, sondern darüber, *wie* und *warum* wir richten.

Ritter der Prinzipien in Gottes Reich verstehen, dass das wichtigste Urteil im Leben die Beurteilung ihres eigenen Herzens ist. Wir müssen uns selbst fragen, *warum*. Warum richten wir? Warum sind wir so sehr darauf bedacht, uns ein Urteil zu bilden?

Wenn wir zuerst unsere eigenen Herzen richten, werden wir mit der positiven Seite dieses Prinzips belohnt und mit den vielen Versprechen, die es mit sich bringt. Aufgrund dessen können wir großartige Dinge erwarten.

Grillspieß

Erwartung #1: *Richte mit Gnade und du wirst den König zum Freund haben.*

Zuallererst müssen wir uns dazu verpflichten, mit uns selbst ehrlich zu sein.

Könnte es sein, dass wir andere richten, um von uns selbst abzulenken?

Ist das nicht genau das, was Adam tat, als er sündigte? Er beschuldigte Eva und sogar Gott selbst.[42] Es scheint, als würden wir andere in der falschen Annahme richten, dass mit Blick auf das letzte Gericht Angriff die beste Verteidigung sei.

Könnte es sein, dass deine Urteile ihre Wurzel in deinem eigenen Schmerz haben?

Das alte Sprichwort hat recht: Verletzte Menschen verletzen Menschen. Manche Menschen lassen es zu, dass ein Stich in den Rücken aus ihrer Brust heraussticht. Es sind stachelige Menschen. Sie sind überempfindlich und doch empfindungslos anderen gegenüber und sie stechen jeden, dem sie begegnen. Verletzte Menschen ziehen andere an und verbinden sich mit ihnen. So landet einer nach dem anderen auf dem ‚Grillspieß' verletzter Menschen.

Könnte es sein, dass du in Wirklichkeit gar nicht von deinem Schmerz befreit werden willst?

Womöglich bringt er dir die Aufmerksamkeit, von der du spürst, wie dringend du sie brauchst. So hat ein Junge zum Beispiel einmal mit einem breiten Lächeln auf dem Gesicht gesagt: „Mami, heute habe ich entschieden, traurig zu sein." Verwundert fragte seine Mutter ihm nach dem Grund. Er erklärte: „Wenn man traurig ist, nimmt der Lehrer einen in den Arm." Das mag süß sein, wenn man drei ist, aber nicht, wenn man dreiunddreißig ist.

Könnte es sein, dass du deinen Schmerz sicher untergebracht hast?

Ein Hafen dient einem ganz bestimmten Zweck. Wir bringen unsere Boote in den Hafen, um sie vor heftigem Wind zu schützen. Ist dir aufgefallen, dass der Heilige Geist oft als Wind beschrieben wurde? Beschützt du deinen Schmerz vor Seinem Geist – wie ein Boot im sicheren Hafen?

Könnte es sein, dass du dich anderen überlegen fühlst, wenn du sie richtest?

Was auch immer der Grund ist: Wir müssen verstehen, dass wenn wir andere richten, wir selbst gerichtet werden. In derselben Weise, in der wir andere richten, werden wir selbst gerichtet. Und aus demselben Grund, warum wir richten, werden auch wir gerichtet.

Und doch werden wir nicht einfach von der negativen Seite dieses Prinzips befreit, wenn wir dem Heiligen Geist endlich erlauben, sich um diese Dinge zu kümmern. Wir erhalten auch die Versprechen der positiven Seite. Wir werden von aller Schuld und allen Schandflecken rein gewaschen.

> *Wer Herzensreinheit liebt und Gnade auf seinen Lippen hat, dessen Freund ist der König.*[43]

Das ist vielleicht das beste Versprechen!

Munition

Erwartung #2: *Richte mit Gnade und Gott wird dir den Rücken freihalten.*

Unser Gericht über andere verletzt nicht nur uns selbst, sondern auch alle, die mit uns in Berührung kommen.

> *Wenn Elefantenbullen kämpfen, verliert immer das Gras.*[44]

Wenn wir Gottes größeres Ziel lieben, werden wir nicht auf andere losgehen, da wir ihnen und den anderen um uns herum damit Schaden zufügen könnten. Gott baut Seine Gemeinde und während Er das tut, ist es unsere Aufgabe, Sein neues Gebot zu befolgen.

> *Ich gebe euch ein neues Gebot: Liebt einander! Ihr sollt einander lieben, wie ich euch geliebt habe.*[45]

Wenn wir das tun, hält Er Sein Versprechen:

Denn der Herr wird seinem Volk zum Recht verhelfen, wird Erbarmen haben mit all seinen Dienern.[46]

Es ist Gottes Aufgabe, dir Recht zu verschaffen. Es ist Seine Verantwortung, für dich einzutreten. Du musst entscheiden, ob du Ihm darin vertraust, und dieses Vertrauen erfordert Verzicht. Wir verzichten auf unser Recht, für uns selbst zu kämpfen.

Das macht uns nicht zu Schwächlingen, die immer nachgeben, genauso wenig, wie es Jesus zu einem gemacht hat. Unsere Antwort liegt nicht darin, dass wir nichts tun; sie liegt darin, dass wir andere nicht verletzen wollen, um uns selbst zu beschützen.

Wir sollen nicht *passiv* werden; wir sollen *Partner* sein.

Wir werden Gottes Partner, indem wir alles daran setzen, Rechtschaffenheit, Ehrlichkeit und Hingabe zu zeigen. Wir bleiben unserer Sache treu, aber wir tun es mit aufrichtiger Freundlichkeit und Gnade. Indem wir das tun, stellen wir die Munition bereit, und indem Gott für uns kämpft, gibt er uns Recht.

Um diesen Punkt zu betonen, zitiert Paulus den hebräischen Tanach mit seinen wie üblich anschaulichen Wortbildern und Übertreibungen:

„Wenn nun dein Feind Hunger hat, so gib ihm zu essen; wenn er Durst hat, dann gib ihm zu trinken! Wenn du das tust, wirst du feurige Kohlen auf sein Haupt sammeln." Lass dich nicht vom Bösen überwinden, sondern überwinde das Böse durch das Gute![47]

Wenn wir uns rächen, erlauben wir unserem Feind, die Initiative zu ergreifen und uns dazu zu verleiten, *„Wie du mir, so ich dir"* zu spielen.

Zieht die ganze Waffenrüstung Gottes an, damit ihr standhalten könnt gegenüber den listigen Kunstgriffen des Teufels ... [48]

Zu vertrauen heißt, die Initiative zurückzugewinnen. Es heißt, an das Versprechen zu glauben, dass Gott uns den Rücken freihält. Und wir haben es nötig, dass Er uns den Rücken freihält.

> *Denn unser Kampf ist nicht gegen Fleisch und Blut, sondern gegen die Gewalten, gegen die Mächte, gegen die Weltbeherrscher dieser Finsternis, gegen die geistigen Mächte der Bosheit in der Himmelswelt.*[49]

Gnade ist der Stein, der deinen Goliath erlegen wird, und dieses Prinzip ist die Schleuder dafür.

Agape

Erwartung #3: *Richte mit Gnade und alle werden erkennen, dass du zu Ihm gehörst.*

Jesus gab uns dieses Versprechen:

> *„An eurer Liebe zueinander werden alle erkennen, dass ihr meine Jünger seid."*[50]

Woran genau? An Liebe? Echt jetzt? Jeder liebt!

Ja, aber mit einer anderen Art von Liebe.

Die altgriechische Sprache hat hauptsächlich drei Wörter für Liebe. Ein Wort ist *Eros*, das in säkularer griechischer Literatur vorkommt. *Eros* ist menschliche Liebe und bezieht sich oft auf die sinnliche Liebe.

Als ich noch zur Schule ging, arbeitete ich nebenbei im Einzelhandel. Einmal wurden mehr als 2.000 der damals sehr begehrten Liebesromane geliefert und meine Aufgabe war es, sie zu sortieren. Die Mädchen, die ich kannte, liebten sie. Neugierig wie ich war, schaute ich mir also einige von ihnen während meiner Mittagspausen in der Woche an.

Dabei stellte ich fest, dass sie zwar unterschiedliche Titel hatten, wie zum Beispiel:

Die Ungezogene Geliebte des Millionärs
Der Ungezähmte Scheich
Mit Erpressung in das Bett des Milliardärs
Eingeschneit mit dem Chef

Doch sie alle hatten genau dieselbe Geschichte! Die Heldin hieß immer Josephine oder Isebel. Sie war weiblich, zart und temperamentvoll in einem. Dann traf sie auf *ihn*: Butch oder Dirk. Er war entweder Pilot, Gärtner oder Arzt. Aber er war immer ein *Biest*! Sie hasste ihn. Er war widerlich, er war arrogant, er war außer Kontrolle ... doch irgendetwas an ihm zog sie an. Nach ungefähr zwei Dritteln des Buches (ich konnte fast die Seitenzahl erraten) kam dann *der Vorfall*. Vielleicht waren sie in einem Zug, der einen Ruck machte, sodass sie aneinanderstießen. Oder womöglich fiel sie vom Pferd und er fing sie auf. Dann beugte er sich nach vorne, um sie zu küssen. Sie sträubte sich, doch letzten Endes konnte sie einfach nicht widerstehen.

Bei den Büchern ging es um *Eros*-Liebe. Sie waren schnulzig, sie waren kitschig und damals zumindest schienen sie recht harmlos.

Eros-Liebe sagt: „Ich liebe dich, weil du mich glücklich machst." („Und wenn du mich weiterhin glücklich machst, werde ich dich weiterhin lieben.")

Philia ist Liebe auf einer höheren Stufe, die sich auf *unser* gemeinsames Glück konzentriert und nicht nur auf *mein* Glück. *Philia* ist Liebe auf halbem Wege. Sie gibt ein bisschen und bekommt ein bisschen. Sie ist ein 50-50-Angebot.

Philia-Liebe sagt: „Ich liebe dich, weil wir uns gegenseitig glücklich machen." („Und solange wir beide glücklich sind, werde ich dich weiterhin lieben.")

Agape-Liebe ist die höchste Stufe der Liebe. Sie strebt nicht nach dem eigenen Vergnügen, sondern findet Freude am Geben. Sie wird nicht durch die Vorzüge oder Wert des Objektes ihrer Zuneigung entfacht. Sie entzündet sich an ihrer eigenen, gottgegebenen Natur.

Gott ist *Agape*.

Agape-Liebe sagt: „Ich liebe dich, weil Gott mich zuerst geliebt hat." („Und weil Gott mich immer liebt, werde auch ich dich immer lieben.")

Jesus bezieht sich auf *Agape*, wenn Er sagt, dass alle Menschen an unserer Liebe erkennen werden, dass wir Seine Jünger sind. Dass wir uns Christen nennen, wird uns gegenüber anderen nicht auszeichnen. Menschen achten nicht auf solche Titel. Sie schauen auf Charakterzüge.

Jesus fordert uns auf, andere zu lieben, schlicht und einfach, weil wir bereits von Ihm geliebt worden sind. Jesus ruft uns aus einem Leben auf der Linie zu einem Leben in der Wolke. Er nimmt uns an die Hand und führt uns von Rache durch Gerechtigkeit zu Gnade.

Seine Liebe führt uns immer weiter!

Knoten

Erwartung #4: *Richte mit Gnade und du empfängst Kraft zur Wiederherstellung.*

Nicht nur das; du wirst die Kraft erben, andere wiederherzustellen.

> *„Wem ihr die Sünden vergebt, dem sind sie vergeben; wem ihr sie nicht vergebt, dem sind sie nicht vergeben."*[51]

Die Jünger brauchten eine ganze Weile, um mehr oder weniger zu verstehen, wovon Jesus hier sprach. Nachdem sie drei Jahre lang an Seiner Seite gewesen waren, waren der Wert von *Agape* und das Prinzip *Richten und gerichtet werden* noch immer nicht Teil ihrer Kultur geworden.

Als Jesus verhaftet und verraten wurde, zog Petrus sein Schwert, schlug nach dem Diener des Hohepriesters und schnitt ihm ein Ohr ab. Das Opfer war der *Segan ha-Kohanim*, der Helfer des Hohepriesters. Die Tatsache, dass sein Ohr abgeschnitten wurde, ist bedeutsam.

Das Abschneiden eines Ohres, insbesondere des Ohrläppchens, wurde oft praktiziert, um die Person vom Tempeldienst auszuschließen.[52] Wenn das Ohr ungeheilt geblieben wäre, hätte Petrus dem Diener nicht nur das Hörvermögen, sondern auch die Fähigkeit genommen, Gott im Rahmen seiner Berufung zu dienen.

Petrus tat das mit Absicht. Doch Jesus heilte ihn mit Absicht.

Jesus stellte Seinen Feind wieder her, sodass er dem Vater dienen konnte. Ritter müssen nicht nur bereit sein, zu *vergeben*, sondern die Extra-Meile zu gehen und *Wiederherstellung* zu bringen.

Anderen zu vergeben ist nur der halbe Weg zu diesem Prinzip.

Ein Lehrbeispiel, das ich oft verwende, dreht sich um ein Stück Schnur, das am einen Ende hochgehalten wird. Oben ist eine Karte mit dem Wort ‚Gott' befestigt und unten eine mit dem Wort ‚Mensch'. Wenn wir sündigen, *fühlt* es sich so an, als hätte eine Schere die Schnur und die Beziehung durchgeschnitten. Beim Vater funktioniert Vergebung und Wiederherstellung so, als verbände jemand die zwei Enden der Schnur wieder miteinander — nicht mit Kleber, sondern durch einen Knoten. Wenn es mit Kleber geschähe, wäre der Abstand zwischen ‚Gott' und ‚Mensch' derselbe. Wenn sie allerdings zusammengeknotet werden, sind die beiden Karten einander näher als zuvor.[53]

So habe ich mich bisher immer gefühlt, wenn ich gegen Gott gesündigt habe und Er mir vergab.

Näher.

Vergebung erhält Gottes Reich aufrecht. Wiederherstellung breitet es aus.

Ideen zum Nachdenken

Stell dir vor, wie dein Leben aussähe, wenn du dieses Prinzip niemals vergessen würdest.

Was, wenn du an deinem Arbeitsplatz oder in deiner Nachbarschaft der Erste wärst, der den Balken aus seinem eigenen Auge zieht? Der Erste, der den Stein fallen lässt, anstatt ihn aufzuheben? Stell dir vor, du würdest den Schmerz vergessen, den andere dir bereitet haben, und deine Kinder dazu inspirieren, dasselbe zu tun. Stell dir vor, du wärest Teil einer Gemeinde, die mit Taten sozialer Gnade auftritt anstatt mit Taten sozialer Gerechtigkeit. Stell dir vor, du würdest einer Gemeinschaft dienen, die Menschen einander näherbringt, um sie näher zu Gott zu bringen — ein Leben, das nicht in Rache oder Gerechtigkeit gelebt wird, sondern in Gnade.

Welche Vergehen musst du vergessen, wenn du dir dieses Prinzip vor Augen führst?

Gib sie an Gott ab, indem du weiter unten eine Wolke zeichnest und diese Dinge dort hineinschreibst.

PRINZIP IN GOTTES REICH

MÜLL REIN, MÜLL RAUS

MÜLL REIN, MÜLL RAUS
Das Problem

Drache

Wir müssen einen Drachen töten.

> *Der große Drache wurde hinuntergestürzt! Er ist die alte Schlange, die auch Teufel oder Satan genannt wird und die ganze Welt verführt. Er wurde auf die Erde hinuntergestürzt mit allen seinen Engeln.*[54]

Was auch immer unsere Hoffnungen und Visionen sein mögen: Solange wir uns nicht vor unserem Feind schützen, können wir niemals der Held sein, den wir uns in unseren Träumen ausmalen.

Die englische Flagge ist die Flagge von Sankt Georg, ein rotes Kreuz auf weißem Hintergrund. Die englischen Ritter trugen sie mit Stolz auf ihrer Brust. Die inspirierende Statue von Sankt Georg und dem Drachen steht vor der Saint John's Wood Kirche in London, in der ich als Kind getauft wurde. Seine Einführung im Jahr 1277 macht das Kreuz von Sankt Georg zu einem der ältesten, bekannten Wappen, die mein Land repräsentieren, und im vierzehnten Jahrhundert wurde dieser legendäre Ritter zum Schutzpatron Englands ernannt.[55]

Ritter inspirieren uns! Ich will so sein wie Sankt Georg. Ich will ein Ritter sein, der andere auf ihrem persönlichen Kreuzzug zu einem heiligen Leben inspiriert. Wer will das nicht?

Es gibt die unterschiedlichsten Arten von Rittern.

Einer meiner Lieblingshelden ist ein Mann mit Namen Smith Wigglesworth. Er war ein ungebildeter Metzger, doch er wurde zu einem geistigen Riesen und bewegte viele Menschen dazu, Gott und Seinem Reich zu folgen.

Meine Lieblingsgeschichte von Wigglesworth ist nicht sehr dramatisch, dafür aber ziemlich schräg. Der Geschichte zufolge stieg er eines Tages in England in einen Zug und setzte sich einem Mann gegenüber, der Zeitung las. Wigglesworth, so heißt es, saß stillschweigend in dem Sechserabteil und blickte ziellos aus dem Fenster. Nach fünf Minuten warf der ihm gegenübersitzende Mann seine Zeitung beiseite und rief:

> „Okay, ich halt's nicht mehr aus! Was muss ich tun, damit ich gerettet werde?"

Ich wünschte, ich hätte so eine Ausstrahlung. Doch wie die meisten von uns bin ich noch immer dabei, nach Heiligkeit zu streben. Manchmal fühlt es sich so an, als ginge ich zwei Schritte vor und einen zurück. Am besten aber fasst der Apostel Paulus diesen Weg in Worte, mit diesem biblischen Zungenbrecher:

> *Denn ich weiß nicht, was ich tue. Denn ich tue nicht, was ich will; sondern was ich hasse, das tue ich. Wenn ich aber das tue, was ich nicht will, stimme ich dem Gesetz zu, dass es gut ist. So tue ich das nicht mehr selbst, sondern die Sünde, die in mir wohnt. Denn ich weiß, dass in mir, das heißt in meinem Fleisch, nichts Gutes wohnt. Wollen habe ich wohl, aber das Gute vollbringen kann ich nicht. Denn das Gute, das ich will, das tue ich nicht; sondern das Böse, das ich nicht will, das tue ich. Wenn ich aber*

tue, was ich nicht will, vollbringe nicht mehr ich es, sondern die Sünde, die in mir wohnt.[56]

Ich will ein Ritter sein, doch manchmal fühle ich mich eher wie ein Drache. Ich muss mich selbst fragen, ob ich wirklich die Inspiration für andere bin, die ich gerne wäre. Falls nicht: Wie kann ich das ändern?

Humpeln

Bei meinem Auftrag, junge Missionare auszubilden, habe ich oft mit ein und demselben Problem zu tun: der Art und Weise, mit der so viele von uns auf die Botschaft von Gottes Gnade reagieren. Es scheint, als diene Gnade als Ausrede für die Sünde.

Ich frage mich, ob das Problem in unserer Wahrnehmung von unserer Sünde liegt: Denken wir nur daran, wie sie unserem persönlichen Leben schadet, oder auch daran, welchen Schaden sie in Gottes Reich anrichtet?

Denn unsere Sünde wirkt sich auf viel mehr aus, als nur auf uns.

Es ist besser, nicht zu sündigen, als zu sündigen und dann Vergebung zu empfangen. Oder, um es in Dwight L. Moodys Worten auszudrücken: Wenn ein Mann sich betrinkt und sich das Bein bricht, wird Gott ihm freilich vergeben, wenn er Ihn darum bittet. Er wird aber trotzdem fortan beim Gehen humpeln.[57]

Ja, du kannst mit deinem Freund schlafen, Buße tun und Vergebung empfangen. Trotzdem wirst du dann keine Jungfrau mehr sein.

Ja, du kannst die Ehe brechen, Buße tun und Vergebung empfangen. Womöglich wirst du aber nie mehr Respekt von anderen verlangen können.

Ja, du kannst Betrug begehen, Buße tun und Vergebung empfangen. Wahrscheinlich wirst du aber eine ganze Zeit lang im Gefängnis sitzen.

Sorgt unsere Lehre dafür, dass Menschen vor der Hölle gerettet werden wollen, aber nicht vor der Sünde? Menschen, die für Gott kostbar sind, die Er aber nicht strategisch in Seinem Plan einsetzen kann?

Wenn der Leib Christi die Extra-Meile geht, macht der Drache sich Sorgen. Doch wenn wir uns von Sünde und Reuegefühlen gefangen nehmen lassen, können wir nicht vorangehen. Es ist äußerst schwierig, den Lauf zu vollenden, wenn wir humpeln. Unser Feind weiß darum. Seine Taktik ist es, uns auszubremsen.

Uns vielleicht sogar ganz zu stoppen.

Bungee

Der Drache folgt einem Muster, aber es nicht persönlich.

Der Drache hat eine Taktik, aber es nicht, was du denkst.

Zuerst führt er uns in *Versuchung*.

Ein gängiger Trick unseres Feindes ist es, uns glauben zu machen, wir stünden mit unseren Problemen allein da. Wir hören, dass auch andere sexuelle Versuchung erlebt haben, doch wir reden uns selbst ein, dass niemand in unserer *einzigartigen* Lage gewesen ist. Wir verstehen, dass auch andere der Versuchung von Habgier ins Auge gesehen haben, doch wir machen uns selbst vor, dass niemand anderes unsere ganz *speziellen* Bedürfnisse hat.

Es stimmt einfach nicht.

> *Vergesst nicht, dass die Prüfungen, die ihr erlebt, die gleichen sind, vor denen alle Menschen stehen.*[58]

Selbst Jesus erlebte dieselben Versuchungen wie du und ich.

> *Denn wir haben nicht einen Hohenpriester, der nicht Mitleid haben könnte mit unseren Schwachheiten, sondern der in allem in gleicher Weise wie wir versucht worden ist, doch ohne Sünde.*[59]

Was bei der Versuchung vor sich geht, wird am besten von einem der sieben Weltwunder veranschaulicht. Die Chinesische Mauer ist ungefähr acht Meter hoch, sechs Meter dick und 2.400 Kilometer lang. Sie wurde gebaut, um die Grenzen ihres Volkes zu sichern, aber in einem Jahrhundert ist sie von drei Armeen überwunden worden. Sie sind nicht über sie geklettert, nicht um sie herumgegangen und haben sie auch nicht durchbrochen. Sie haben schlichtweg die Wächter an den Toren bestochen.[60]

Alles, wonach der Teufel Ausschau hält, ist eine Achillesferse, eine Gelegenheit, zuerst einen Fuß in die Tür zu bekommen, um dann das ganze Blatt aus den Angeln zu heben. Es ist der *Modus Operandi* unseres Feindes, das Standardprogramm, das er bei jedem von uns anwendet.

Dann *verspottet* er uns.

Zuerst versichert er uns: „Es ist okay, deine Situation ist speziell", und „Keine Sorge, Gott wird dir immer vergeben". Doch in dem Augenblick, da wir nachgeben, ändert er seine Taktik und fällt über uns her für das, was wir gerade getan haben.

„Wie willst du denn jemals deinen Glauben mit anderen teilen", fragt er uns, „wo du das gerade getan, gesagt, angeschaut hast?"

Und wenn unser Feind eine Schwachstelle von uns findet, zu der er immer wieder zurückkommen kann, dann wird er das auch tun, da kannst du dir sicher sein.

Er hält Ausschau nach dem geistigen Bungeeseil in unserem Leben und er wird daran ziehen, sooft er kann.

Nagel

Wir dürfen uns nicht mit unserer Erlösung zufriedengeben. Der König hat eine größere Berufung für uns als nur die, gerettet zu werden. Er ruft uns dazu auf, uns strategisch für Ihn einzusetzen! Wir dürfen uns nicht damit begnügen, sodass wir dann gerne bereit sind, Kompromisse einzugehen.

Es gibt eine Geschichte von einem Mann, der gebeten wurde, seine alte Hütte in den Bergen zu verkaufen. Um Gewinn zu machen, willigte er ein, aber nur unter einer Bedingung: Der Vertrag musste sicherstellen, dass er weiterhin der Besitzer des Nagels im Vordach blieb. Der Käufer akzeptierte den Kompromiss. Einige Wochen, nachdem der Käufer eingezogen war, hing der ursprüngliche Besitzer eine tote Katze an den Nagel. Der Gestank wurde so schlimm, dass der Käufer schließlich dem ursprünglichen Besitzer das Haus zum Rückkauf anbot, und zwar zu einem viel günstigeren Preis.

> *Wenn ein böser Geist einen Menschen verlässt, irrt er durch Wüsten und sucht nach einer Bleibe und findet keine. Dann sagt er sich: „Ich gehe lieber wieder in meine alte Behausung!" Er kehrt zurück und findet alles leer, sauber und aufgeräumt. Darauf geht er hin und sucht sich sieben andere böse Geister, die noch schlimmer sind als er selbst, und sie kommen und wohnen dort. So ist dieser Mensch am Ende schlimmer dran als am Anfang. Genauso wird es auch dieser bösen Generation ergehen.* [61]

Dir und mir geht es nicht anders. Der Teufel hat dieselbe Taktik für uns alle. Aber weil unser Feind eine Standard-Taktik anwendet, hat uns unser Gott mit einer Standard-Strategie ausgerüstet, um ihn zu besiegen.

Und wenn ich Strategie sage, meine ich ein *Prinzip*.

Fragestellungen

Wer inspiriert mich und wie hat die Person mein Leben beeinflusst?

Wie will ich andere Menschen inspirieren?

Erlebe ich Gottes Wirken und *Kraft* durch meinen Glauben?

Humple ich? Und falls ja: Womit habe ich das verursacht?

Will ich vor der Hölle, nicht aber vor der Sünde gerettet werden?

Wo kann ich die Taktik des Teufels in meinem Leben erkennen?

Was hat dem Wachstum von Gottes Reich in mir mehr geschadet:

>Die Versuchung?
>Die Verspottung?

Werde ich von dem Gedanken getäuscht, dass meine Versuchung einzigartig ist und ich ein Sonderfall bin?

Begnüge ich mich mit meiner Erlösung?

Welche Kampftaktiken verwende ich gegen den Teufel? Funktionieren sie?

Wo in meinem Leben hat der Teufel einen Fuß in die Tür bekommen, welche nun immer weiter aufgeht?

Wie sehr glaube ich Gott, wenn Er sagt, dass ich siegreich sein kann?

Habe ich Hoffnung dafür, dass ich vorwärtskommen kann?

MÜLL REIN, MÜLL RAUS
Das Prinzip

Es gibt keine Magie, die uns im Handumdrehen so verändert, dass wir unseren Gegner besiegen können. Gott füllt uns zwar mit Seinem Geist, aber das heißt nicht, dass Er mit einem übernatürlichen Glücksbringer-Zauberstab wedelt und uns augenblicklich in perfekte Menschen verwandelt.

Stattdessen arbeiten wir an unserer Rettung. Doch auch das kann leicht missverstanden werden.

Moderne Juden glauben, dass gute Taten uns zu guten Menschen machen. Wenn man sich richtig verhalte, verändere sich früher oder später auch das eigene Wesen. Sie haben sogar ein Motto dafür: „Tat über Bekenntnis."

Aber durch Gesetze werden wir nicht gut.

In seinem Buch *A Year of Living Biblically* strebt A. J. Jacobs danach, eine bessere Version seiner selbst zu werden. Dafür unternimmt er den Versuch, so viele der 613 Gebote seines jüdischen Glaubens zu befolgen, wie er kann. Doch seine tiefgreifendste Erkenntnis kommt von einem weisen und namenlosen Gelehrten, der ihm folgende Email schickt:

> Es ist unser In-Christus-Sein und unsere Nachfolge, die uns verwandelt. Nur wenn jemand diesen Schritt geht, kann er wahrhaftig verwandelt werden. Nachdem Ihr Jahr vorübergegangen ist, werden Sie also wieder jemand sein, der Sinn in verrückten Projekten und Schreibaufgaben findet. Ein Nachfolger Jesu Christi zu werden ist viel lohnenswerter.[62]

Es stimmt, es gibt eine Belohnung ... die Belohnung, die Person zu werden, die du in Wahrheit sein solltest. Der Held. Der Ritter. Der Drachentöter.

Waffe

Um es uns zu ermöglichen, diese Belohnung zu erlangen, hat uns der König eine Waffe gegeben — und sie ist nicht, was du erwarten würdest. Sie ist kein Zauberstab, sondern ein Prinzip in Gottes Reich. Wir finden es in Matthäus 12, 35.

> *Ein guter Mensch bringt Gutes hervor, weil er Gutes in sich hat, und ein böser Mensch bringt Böses hervor, weil er Böses in sich hat. (EU)*

> *Der gute Mensch bringt aus dem guten Schatz des Herzens das Gute hervor, und der böse Mensch bringt aus seinem bösen Schatz Böses hervor. (SLT)*

> *Ein guter Mensch bringt aus der guten Schatzkammer (seines Herzens) Gutes hervor, während ein böser Mensch aus seiner bösen Schatzkammer Böses hervorbringt. (MENGE)*

Gutes rein, Gutes raus. Müll rein, Müll raus.

Beim Prinzip *Müll rein, Müll raus* geht es um die Dinge, die wir in uns aufnehmen. Was aus unseren Herzen fließt — seien es Reinheit, Glaube und Hoffnung oder Perversion, Lügen und Zweifel — ist das Produkt dessen, was wir zuvor konsumiert haben.

Ein Freund von mir ist ein erfolgreicher Prediger. Jedes Mal, wenn er den Mund aufmacht, vermittelt er großartige Inhalte und dennoch scheint es ihm leicht zu fallen, seine Predigten vorzubereiten. Ich habe ihn einmal gefragt, wie er es schaffte, mit so wenig Vorbereitung so oft etwas Neues zu predigen. Seine Antwort war schlicht: „Ich lese unentwegt, sodass sich immer etwas zusammenbraut!"[63]

Jünger entwickeln sich durch Disziplin weiter, nicht durch Träumerei.

Wir dürfen unser Leben nicht damit verbringen, von einem magischen Verwandlungsmoment zu träumen. Wir dürfen nicht unser Leben verschlafen, weil wir auf einen geistlichen Lottogewinn hoffen. Es gibt keine übernatürliche X-Factor-Show und keine Kirchen-Jury, die dich unvermittelt zum geistlichen Superstar erklärt.

Wenn *Richten und gerichtet werden* das *vergessene* Prinzip ist, dann ist *Müll rein, Müll raus* das *prägende* Prinzip.

Gott formt uns im Laufe der Zeit und in diesem Prozess dürfen wir mit ihm kooperieren. Das finde ich spannend! Wer ich bin, wird nicht dem Zufall überlassen. Mein Charakter ist nicht den Launen eines wechselhaften Gottes überlassen. Es ist eine Win-win-Situation. Ich darf entscheiden, wer ich sein will, doch ich habe auch einen Partner, der mich trainieren und mit allem Nötigen ausstatten kann.

Ich muss es nicht alleine schaffen und ich muss mir keine Sorgen darüber machen, dass ich zu leicht beeinflusst werde. Stattdessen kann ich mich selbst trainieren, indem ich in die richtigen Einflüsse investiere.

Ich kann über der Linie leben.

Weltlich

Als ich jung war und nach einem heiligen Leben strebte, kannte ich dieses Prinzip in Gottes Reich nicht, also lebte ich auf der Linie. Ich verstand nur die Regeln und so hatte ich, ohne es zu wissen, den Menschen aus den Augen verloren, der ich sein konnte, und konzentrierte mich nur noch auf das, was ich tun oder nicht tun durfte.

Damals lernte ich in der Gemeinde, dass Männer keine Ohrringe tragen und sich auch nicht die Haare färben durften. Frauen mussten Hüte tragen und sich zu schminken wurde als Sünde betrachtet (was komisch ist, denn im Alter von vierzehn Jahren dachte ich persönlich, es sei eher eine Sünde, dass manche das nicht taten).

Manche Pastoren waren sehr erfinderisch und ließen sich kurze, bissige Sprüche einfallen, um ihre Herde zu beschützen. Einmal wurde eine junge Dame mit Make-up von einem Pastor mit den Worten begrüßt: „Ich sehe, Sie stecken Ihre Finger in das Marmeladenglas des Teufels."

Es galt als Sünde, ins Kino zu gehen, und selbst einen Fernseher zu haben war verpönt. Manche betrachteten sogar bestimmte Musikinstrumente als weltlich. Und die Liste ist noch viel länger.

Ich frage mich manchmal: Wer denkt sich diesen Kram aus?

Wer entscheidet, was *weltlich* ist?

Wenn wir darüber streiten, was richtig und was falsch ist, ist unser Verlangen, auf die Linie zu schauen, am stärksten, wenn es um moralische Fragen geht.

In Sachen Rechtschaffenheit sind Menschen, die auf der Linie leben, an *ihre* Fragen gefesselt.

> *Welche Altersfreigabe dürfen Filme haben, die ich mir anschaue? FSK ab 18, 12 oder 6?*

*Wie kurz darf mein Rock sein? Bis zu den Oberschenkeln, den
Knien oder den Knöcheln?
Wie weit dürfen wir gehen? Händchenhalten, Küssen oder Petting?*

Menschen hingegen, die ein Leben in der Wolke führen, fühlen sich
verpflichtet, *Seine* Fragen zu stellen.

*Wie wichtig ist dir Mein Ruf?
Wie frei willst du sein, um Meinen Traum zu verfolgen?
Wie viel von Meiner Kraft willst du in deinem Glauben haben?*

Menschen, die ein Leben in der Wolke führen, sind gehorsam, weil sie
wissen, dass ihr Verhalten nicht nur ihren eigenen Charakter widerspiegelt. Sie sind keine Gefangenen der religiösen Gesetzeshüter. Sie
sammeln keine Bonusmeilen für ihren Flug in den Himmel. Für sie sind
die Regeln nicht Teil eines Rechenschiebers, sondern ein Sprungbrett,
mit dessen Hilfe sie über der Linie leben können.

Ein Mensch, der ein Leben in der Wolke führt, hat es einmal treffend
ausgedrückt:

„Weltlichkeit ist das, was unsere Zuneigung zu Gott erkalten
lässt."[64]

Paulus zeigt mit seinem Brief an die Heiligen in Galatien, wie flexibel
unser Denken sein soll.

*Was die menschliche Natur erzeugt, ist offensichtlich: sexuelle
Unmoral, Unsittlichkeit und Ausschweifung, Götzendienst und
Zauberei, Feindseligkeit, Streit und Eifersucht, Zornausbrüche,
Intrigen, Zwistigkeiten und Spaltungen, Neidereien, Sauforgien,
Fressgelage und ähnliche Dinge. Ich warne euch, wie ich das
schon früher getan habe: Wer so lebt, wird in Gottes Reich kei-
nen Platz haben.*[65]

Man könnte denken, dass er seine Leser folglich dazu auffordert, zum anderen Extrem auf der Linie zu gehen, und erwartet von ihm vielleicht eine Aufzählung der Gegenteile: Ehe, gute sexuelle Moral, Enthaltsamkeit und Kirchgang.

Doch stattdessen wendet er sich der Wolke zu.

> *Die Frucht des Geistes aber ist Liebe, Freude, Frieden, Geduld, Güte, Rechtschaffenheit, Treue, Sanftmut, Selbstbeherrschung. Gegen all dies kann kein Gesetz etwas haben.*[66]

Die Juden lagen in der Vergangenheit falsch — die Antwort liegt nicht im *Leben nach dem Gesetz*, sondern im *Leben nach dem Geist*.

Die Juden heutzutage liegen falsch — die Antwort liegt nicht in *Tat über Bekenntnis*, sondern in *Wolke über Bekenntnis*.

Gott hat ein Prinzip, der Teufel hat eine Taktik. Und in beiden geht es um einen Prozess.

Korinth

Eine Stadt beherbergte Christen, die dem Prozess des Teufels erlagen.

Korinth war eine Gemeinde voller Möglichkeiten. Die Stadt lag auf einer Landenge im Saronischen Golf und dem Ionischen Meer. Die Lage war ideal für Besuche am Meer, perfekt gelegen für Handel und ein belebter Treffpunkt für Reisende.

Um Jesu Missionsbefehl zu erfüllen, musste die Gemeinde in Korinth nicht in alle Welt gehen, denn alle Welt kam zu ihr. Es war eine wohlhabende Stadt. Das Potenzial der Gemeinde lag darin, dass sie allerlei missionarische Arbeit finanziell unterstützte. Sie war voll von bereitwilligen Zuhörern. Die Kultur der Stadt förderte neue Ideen. Männer hielten gerne Reden und hörten ihnen gerne zu. Anstatt Fußball und

Autos waren ihre Lieblingsthemen Religion und Philosophie. Wenn jemand etwas mit anderen teilen wollte, waren sie ganz Ohr.

Potenzial … etwas, das wir immer haben, aber selten ergreifen.

Leider wurde Korinth durch den Prozess von *Versuchung* und *Verspottung* verdorben. Zwei Hauptpraktiken der Stadt waren Götzendienst und sexuelle Unmoral. Die Stadt beheimatete die Tempel verschiedener griechischer Götter wie Apollo, Asklepius und Aphrodite, die zeitweise über zwölf Tempel mit hunderten von Tempelprostituierten hatte. Korinth war legendär für seine sexuelle Perversion. Zu *korinthisieren* hieß, sich sexuell unmoralisch zu verhalten. Der Name der Stadt war zur Redewendung für Sündhaftigkeit geworden!

In Paulus Briefen an die Gemeinde können wir sehen, wie sie den Prozess von *Müll rein, Müll raus* Schritt für Schritt nachzeichnen, während er sie eindringlich darum bittet, Buße zu tun. Sieh dir die folgenden zeitlich sortierten Ausschnitte an.

Schritt #1: Umgang

> *In meinem vorigen Brief habe ich euch geschrieben, dass ihr keinen Umgang mit Menschen haben sollt, die in sexueller Unmoral leben.*[67]

Das könnte nicht klarer formuliert sein.

Schritt #2: Anziehungskraft

> *Flieht vor den sexuellen Sünden!*[68]

Diejenigen, denen sie Einflussnahme auf ihr Leben erlaubten, hatten eine schlechte Auswirkung auf sie. Ist dir aufgefallen, dass jemand, der sündigt, direkt andere mit einbeziehen will? Vielleicht gilt aus Sicht der Sünder: Eine geteilte Sünde ist eine halbe Sünde.

Schritt #3: Unreife

Zu euch, Brüder und Schwestern, konnte ich bisher nicht reden wie zu Menschen, die von Gottes Geist erfüllt sind. Ich musste euch behandeln wie Menschen, die sich von ihrer selbstsüchtigen Natur leiten lassen und im Glauben noch Kinder sind. Darum gab ich euch Milch, nicht feste Nahrung, weil ihr die noch nicht vertragen konntet.[69]

Geistige Unreife bringt Taubheit mit sich. Die Ohren können hören, doch das Herz kann es nicht.

Schritt #4: Streit

... denn ihr lebt immer noch so, als würdet ihr Christus nicht kennen. Beweisen Eifersucht und Streit unter euch nicht, dass ihr immer noch von eurer selbstsüchtigen Natur bestimmt werdet und wie alle anderen Menschen denkt und lebt? Wenn die einen unter euch sagen: „Wir gehören zu Paulus!", und andere: „Wir halten uns an Apollos!", dann benehmt ihr euch, als hätte Christus euch nicht zu neuen Menschen gemacht.[70]

Wenn der Glauben von Menschen einrostet, schalten sie von Gebet auf Politik um. Am Ende geht ihre politische Unterstützung an diejenigen, die ihnen das sagen, was sie hören wollen.

Schritt #5: Glaubensabfall

In Wirklichkeit sind sie falsche Apostel; sie sind Betrüger, die sich nur für Apostel von Christus ausgeben.[71]

Im Großen und Ganzen kam die Reaktion sehr langsam. Allem Anschein nach hat Paulus vier Briefe an die Gemeinde in Korinth geschrieben. Einige Gelehrte glauben, dass die zwei Briefe in der Bibel in Wirklichkeit Nummer zwei und Nummer vier sind. Vier Briefe, in denen Paulus mit diesen hartherzigen Menschen ringt.

Waagerecht

Der christliche Glaube in Korinth war verdorben worden. Das darf uns nicht geschehen. Unsere Religion muss rein sein. Sie muss weitergegeben werden.

Jesus hat die Pharisäer dafür gescholten, dass sie Meer und Land durchziehen, um einen einzigen Nachfolger hervorzubringen und diesen nach seinem Übertritt zu ihrer Religion zu einem Sohn der Hölle zu machen, zweimal mehr, als sie es sind. Wenn ich so etwas in der Bibel gelesen habe, habe ich oft zurückgeschaut und mir darüber Sorgen gemacht, welche Art von Religion ich wirklich an die jungen Menschen weitergegeben habe, die ich in den Schulen erreiche.

Die ursprüngliche Bedeutung des Wortes ‚Religion' ist ‚erneut zusammenbinden oder zusammenknoten, fester machen'.[72]

Wird ihre Religion — ihre *Verbindung* mit Gott — nur ein unpersönlicher Bezug zum Christentum sein anstatt eine persönliche Beziehung mit Christus selbst?

Ich muss mehr zustande bringen, als das. Wir müssen mehr zustande bringen.

In meiner Kindheit und Jugend schienen die meisten Christen, die ich kannte, Jesus zu lieben, sich zugleich jedoch gelegentlich für die christliche Kirche zu schämen. Unsere Programme verfügten oft nur über unzureichende Finanzierungen, unsere Treffen waren manchmal merkwürdig und unsere Einstellung schien zu sagen: „Das passt schon, es ist ja nur für die Gemeinde."

Heute hat es den Anschein, dass wir die Bedeutung von Exzellenz erkannt haben und uns selbst darin übertreffen, alles so relevant und unterhaltsam wie möglich zu machen.

Vielleicht ist es so: Früher *liebten wir den Kopf* und *duldeten Seinen Körper*, aber heute *lieben wir den Körper* und *dulden seinen Kopf.*

Unsere Gemeinden sind voll von Zuschauern — gerettet, aber nicht strategisch für Gott eingesetzt.

Als ich mit einem guten Freund, einem Pastor, über diesen Gedanken sprach, berichtete dieser von einem Taufgottesdienst, den seine Gemeinde kürzlich veranstaltete, und bemerkte: Die Menschen sprachen in ihrem Glaubenszeugnis vor dem Untertauchen nicht über ihre Beziehung mit Jesus, sondern darüber, wie sich ihr Leben verändert hat, seit sie anfingen, zur Gemeinde zu gehen.

In dieser nicht so neuen Welt gibt es die Linie noch immer, sie hat sich nur waagerecht verschoben.

Ab und zu frage ich mich, ob die Entstehung der verschiedenen Denominationen nur dafür gesorgt hat, dass die Linie ab und zu ein jeweils neues Image bekommt. Sie ist noch immer da, sie hat sich lediglich leicht verschoben. Das Leben auf der Linie ist einfach nur ein bisschen nach links oder nach rechts gerückt. Der Punkt von ‚So weit kann ich gehen' wurde von jedem Gemeindenetzwerk neu definiert. Genauso wurde die Antwort auf die Frage ‚Wie weit müssen wir gehen' ein wenig verrückt.

Haben wir das alte Gesetz, von dem wir befreit wurden, einfach durch ein neues ersetzt? Haben wir die veraltete Augenbinde abgenommen und eine neue übergestreift?

Hat sich irgendetwas grundlegend geändert? Oder gibt es einfach eine andere Reihe von Dingen, die wir tun oder lassen müssen?

Wir verhalten uns wie die Entdecker früherer Zeiten, die nie zu weit segelten, aus Furcht, sie würden das Ende der Welt hinunterstürzen. Doch Ritter der Prinzipien in Gottes Reich wissen, dass es neue Länder zu entdecken, neue Wege zu denken und neue Schätze zu suchen gibt.

Was es zu lernen gibt

Was aus meinem Herzen fließt, ist das Resultat dessen, was ich konsumiert habe.

Ich *kann* über der Linie leben.

Gott formt mich im Laufe der Zeit und während Er das tut, darf ich mit Ihm kooperieren.

Weltlichkeit ist das, was unsere Zuneigung zu Gott erkalten lässt.

Die Gemeinde in Korinth verlor ihre Kraft durch einen Prozess ...

> Umgang
> Anziehungskraft
> Unreife
> Streit
> Glaubensabfall

Mein Glaube kann durch denselben Prozess ebenso an Kraft verlieren.

Womöglich ist die Linie in meinem Leben noch da, auch wenn sie sich waagerecht verschiebt.

Ich kann dieses Prinzip in Gottes Reich nutzen, um mit der Zeit persönlich zu wachsen.

MÜLL REIN, MÜLL RAUS
Das Versprechen

Held

Frage: Kannst du dir so einen Sieg vorstellen?

Ein Sieg, in dem du dein Leben damit verbringst, deinen Glauben unter Beweis zu stellen, anstatt ihn zu verteidigen?

Ein Sieg, in dem die Sünden, die in deiner Vergangenheit herumspukten, weder gegenwärtig noch zukünftig präsent sind?

Ein Sieg, in dem dich Gottes Stimme durch eine orientierungslose Welt führt?

Würde das nicht andere inspirieren?

Der Drache hat schreckliche Angst vor dem, wer du bist und wer du werden kannst. Der zur Hilfe Eilende. Der Held. Der Ritter in schimmernder Rüstung.

> *Und sie haben ihn überwunden durch des Lammes Blut und durch das Wort ihres Zeugnisses und haben ihr Leben nicht geliebt bis hin zum Tod.*[73]

Der Teufel kennt nicht nur sein Schicksal, er weiß sogar haargenau, wie es ihn ereilen wird. Er wird von einer Armee von Heiligen besiegt werden, die ihre Sünde überwinden und damit auch ihren Ankläger. Doch Sünde ist verwirrend geworden. Es stimmt: Jede Sünde trennt uns von Gott, nicht nur die großen Sünden, sondern auch die kleinen. Aus dieser Erklärung haben wir jedoch irrtümlich die falsche Schlussfolgerung gezogen: Wir haben Menschen glauben gemacht, dass alle Sünden gleich sind. Das ist nicht wahr.

Jesus spricht davon, wie ein Mensch eine größere Sünde begeht als ein anderer, und Er lehrt, dass manche Gebote wichtiger sind als andere.[74] In unserem Streben nach Gottes Reich werden wir daher herausgefordert, das *übergeordnete* Wohl in Betracht zu ziehen.

Ich danke Gott für das Christentum. Wir werden nicht zwangsgefüttert, sondern können selbst wählen, was wir konsumieren. Und wir haben das Versprechen, dass wir, wenn wir in die richtigen Dinge investieren, unser Potenzial erfüllen werden.

Und der einzige, der dein Potenzial einschränkt, bist du, nicht dein Feind!

Krankenwagen

Potenzial #1: *Häufe Gutes an und du kannst einer Menge Schmerz aus dem Weg gehen.*

Gott rettet uns auf zweierlei Weise: mit Zäunen und mit Krankenwagen.

Stellen wir uns Sünde als Abhang vor: Der König hat zwei Vorkehrungen getroffen, um dich zu retten. Oben auf der Klippe sind Zäune aufgestellt. Die Juden nennen sie *gezerah* — moralische Puffer, die zu unserem Schutz bestimmt sind und dafür sorgen, dass wir nicht zu nah an den Rand gehen. Um zu verhindern, dass sie ein Gebot brechen, erzeugten die Juden eine Barriere. Diese Barriere war eine religiöse Tradition, die dafür sorgen sollte, dass sie dem Fehler nicht einmal nahekämen, den sie möglicherweise machen könnten.

Jesus hat uns Zäune ins Leben gesetzt: Schau keine Frau begehrlich an. Nenne niemanden einen Idioten. Hege keinen Hass.

> *„Und wenn dein Auge dich zur Sünde verführt, dann reiß es aus!"*[75]

Für Jesus war die Nichtbeachtung dieser Zäune gleichwertig mit dem Herabfallen von der Klippe. Für Ihn war alles eine Frage der Herzenshaltung. Seiner Ansicht nach bringt es nichts, sich auf die Zunge zu beißen; sie wird nur anschwellen. Wenn wir damit zu kämpfen haben, dass unsere Sprache vulgär, boshaft oder pessimistisch ist, dann rät Er uns, in unser Herz zu schauen. Wir müssen es mit den Dingen füllen, von denen wir uns wünschen, dass unsere Zunge sie sagt.

Dann gibt es noch die Krankenwagen, die am Fuß der Klippe warten. Sie sammeln uns auf, wenn wir fallen. Sie flicken uns wieder zusammen, so gut es geht, doch es kann sein, dass wir noch mit den Folgen unserer Verletzungen zu kämpfen haben.

Womöglich werden wir am Ende beim Gehen humpeln.

Wildnis

Potenzial #2: *Häufe Gutes an und überwinde deine alten Sünden.*

Wie können wir wissen, ob wir im Glauben reifen? Wie können wir unser Wachstum messen? Wie können wir feststellen, ob wir nach einem heiligen Leben streben? Und wie hilft uns dieses Prinzip in Gottes Reich dabei?

Es hilft uns, indem es uns vorwärtsbringt.

In dem Leben, das Gott uns verspricht, sollen wir nicht auf der Linie leben und vergeblich versuchen, unsere eigene Position zu rechtfertigen, indem wir uns selbst mit allen um uns herum vergleichen.

Der Pharisäer stand und betete bei sich selbst so: Ich danke dir, Gott, dass ich nicht bin wie die andern Leute, Räuber, Ungerechte, Ehebrecher, oder auch wie dieser Zöllner.[76]

Gottes Versprechen an uns ist, dass Er uns nicht mit Seinen anderen Nachfolgern vergleicht, sondern mit Seinem Sohn. Deshalb ist es nicht wichtig, wo wir sind, sondern *wohin* wir unterwegs sind. Wenn wir uns Gott nahen, wird Er sich uns nahen. Sein Versprechen hat nichts mit dem zu tun, wo wir stehen, aber alles mit dem, was unser Herz bewegt.

In dem Fernsehprogramm *Man vs. Wild* wird Bear Grylls in verschiedensten entlegenen und gefährlichen Landschaften der Erde mit dem Fallschirm abgeworfen. Egal, in welcher Lage er sich befindet, er gibt immer denselben Ratschlag an alle, die überleben wollen. Wenn es keinen Fluss gibt, dem du folgen kannst, plädiert er dafür, dass der beste Ausweg ist, solange in einer geraden Linie weiterzugehen, bis du schließlich in Sicherheit bist. Was dich tötet, so scheint es, ist, wenn du dich im Kreis drehst. Um das zu vermeiden, stellst du dich neben einen Baum und suchst dir am Horizont eine Markierung. Sobald du an der Markierung ankommst, schaust du zurück zu dem Baum und folgst deiner Blickachse von dem Punkt, an dem du warst, über den Punkt, an dem du jetzt bist, hin zu einem zukünftigen Punkt. Sobald du eine Markierung auf dieser Bahn findest, gehst du auf diese zu. Das Ganze wiederholst du, bis du irgendwo ankommst.

Mit anderen Worten: Du musst zurückblicken, um vorwärtszukommen.

Das klingt nicht richtig, oder? Aber wenn man vorwärtskommt, ist das Zurückblicken sogar ziemlich spannend. Der Blick zurück zeigt uns, wie weit wir gekommen sind. Bergsteigen hilft uns dabei, das zu verstehen. Solange wir nach vorne sehen, scheint sich die Landschaft nur langsam zu verändern. Aber wenn wir zurückblicken, sind wir erstaunt darüber, wie sehr sich die Landschaft verändert hat. Das zeigt uns, wie weit wir gekommen sind.

Gemäß der jüdischen Enzyklopädie gibt es drei Hauptkategorien von Sünde: *Pesha*, *Avon* und *Chet*.[77]

Diese Kategorien geben uns die Gelegenheit, zurückzublicken, sodass wir uns vorwärtsbewegen können.

> *Chet* ist eine Sünde, die wir begehen, wenn wir nicht tun, was wir tun könnten.
> *Avon* ist eine Sünde, die wir begehen, wenn wir tun, was wir nicht tun sollten.
> *Pesha* ist die schlimmste Art der Sünde: wenn wir absichtlich Regeln verletzen, um Gott zu sagen, dass Er keine Herrschaft über uns hat.

Wir alle haben das schon erlebt. Wir alle sind im Bereich von *Pesha* gestartet, wo wir gegen Gott rebelliert und uns selbst zum König gekrönt haben. Viele von uns haben diesen Bereich überwunden und sind weitergezogen. Gott hat bereits angefangen, Sein Versprechen zu erfüllen, und wir sind dabei, Ihm ähnlicher zu werden.

Pesha ist der Baum, den wir sehen, wenn wir zurückblicken. *Avon* ist der Punkt, an dem viele von uns gerade stehen. In der Zukunft könnte *Chet* die einzige Kategorie von Sünde sein, mit der wir zu kämpfen haben.

Das Prinzip *Müll rein, Müll raus* hilft uns dabei, uns von *Pesha* zu entfernen und vorbei an *Avon* über *Chet* hinaus zu gelangen. Es bietet uns eine Möglichkeit, einen Charakter nach Gottes Herzen zu entwickeln, und wichtiger noch ... zu erkennen, dass wir vorankommen.

Pesha

Potenzial #3: *Häufe Gutes an und du wirst dein Ziel erreichen.*

Pesha bedeutet ‚Rebellion‘. Es leitet sich vom Wort pasha ab, das ‚abfallen‘ oder ‚losreißen‘ bedeutet. Es ist die bewusste und beabsichtigte Übertretung, um sich gezielt von der Autorität des Herrn oder desjenigen, der den Befehl gibt, zu distanzieren.[78]

Jona war ein Mann, der *Pesha* beging. Er weigerte sich, der Stadt Ninive Gottes Botschaft zu verkünden. Stattdessen rebellierte er gezielt gegen Gott, indem er ein Schiff bestieg, das in die entgegengesetzte Richtung fuhr.

Wir sind der Kapitän unseres Lebens und wir können uns am Kapitän von Jonas Schiff ein Beispiel nehmen.

> *Der Kapitän kam zu ihm herunter und sagte: „Wie kannst du schlafen? Steh auf, rufe zu deinem Gott!"*[79]

Ein guter Ratschlag, gefolgt von vier Fragen, die wir den Jonas in unserem Herzen und Leben stellen sollten:

> Was für eine Arbeit hast du?
> Wo kommst du her?
> Was ist dein Heimatland?
> Aus welchem Volk kommst du?

Was für ein Jona ist gerade an Bord deines Schiffes? Eine Gewohnheit? Eine Einstellung? Eine Person? Denk daran: Schlechter Umgang verdirbt auch den besten Charakter.[80]

Wenn wir Rebellion anhäufen, werden wir sie irgendwann auch ausleben. Wenn wir uns mit rebellischen Menschen, Einstellungen und Gewohnheiten umgeben, können diese zu tiefgreifend in unser Leben sprechen. Wenn wir nicht aktiv werden, wenn wir unsere Selbstführung vernachlässigen, dann können unsere Jonas uns in vielfältiger Weise schaden.

Jonas können zu einem schwarzen Loch werden, das deine Zeit, Energie, Motivation und deinen Kampfgeist aufsaugt.

Jonas bringen die Dinge unter ihre Kontrolle.

Wenn wir nicht selbst den Kurs in unserem Leben angeben, dann werden unsere Jonas es tun.

Jonas bringen Unmut und Missgunst mit sich.

Wenn ein Kapitän es nicht schafft, einen Jona unter Kontrolle zu bringen, verlieren die Menschen den Respekt vor ihm.

Wenn du dieses Prinzip in Gottes Reich ausübst, wirst du imstande sein, deine Jonas über Bord zu werfen. Gott verspricht uns: Wenn wir unsere Jonas loswerden, tragen wir zu Seinem Plan bei.

Avon

Potenzial #4: *Häufe Gutes an und du wirst unnötige Versuchung vermeiden.*

Avon bedeutet ‚Bruch'. Es leitet sich von einem Wort ab, das ‚beugen' und ‚abweichen' bedeutet. *Avon* ist eine Sünde, die wissentlich von jemanden begangen wird, der eigentlich Gottes Willen erfüllen will.

David, der Mensch nach Gottes Herzen, tat etwas Grauenhaftes. Er schlief mit Batseba und schwängerte sie. Als sie ihn über das Ergebnis seines Ehebruchs unterrichtete, versuchte er zuerst, ihren Mann betrunken zu machen, sodass er mit ihr schlafen und denken würde, es sei sein Kind. Als das nicht klappte, ließ David ihn im Krieg an vorderster Front kämpfen und ermordete ihn so auf indirektem Wege.

Ich möchte dir eine Frage stellen: Zu welchem Zeitpunkt geriet David in Schwierigkeiten?

> *Im nächsten Frühjahr, zu der Zeit, in der die Könige in den Krieg ziehen, schickte David Joab mit seinen Männern und dem gan-zen Heer Israels in den Kampf ... An einem Spätnachmittag*

erhob sich David von der Mittagsruhe und ging auf dem Dach des Palastes umher. Da fiel sein Blick vom Dach aus auf eine außergewöhnlich schöne Frau, die gerade ein Bad nahm ... Da ließ David sie holen; und als sie in den Palast kam, schlief er mit ihr ... Als Batseba merkte, dass sie schwanger war, ließ sie es David mitteilen.[81]

War es, als Gott einem Propheten Davids Sünde offenbarte? War es, als Batseba schwanger wurde? Nein, David kam bereits im ersten Satz des Kapitels in Schwierigkeiten.

Im nächsten Frühjahr, zu der Zeit, in der die Könige in den Krieg ziehen ...

Er war nicht dort, wo er hätte sein sollen. Er hatte im Laufe der Zeit schlechte Dinge in seinem Herzen angehäuft. Hätte er gute Dinge angehäuft, wäre sein restliches Leben womöglich anders verlaufen.

Chet

Potenzial #5: *Häufe Gutes an und du kannst deine Erwartungen hochschrauben.*

Chet bedeutet ‚Versäumnis' oder ‚Fehlschlag'. Es beschreibt das Am-Ziel-Vorbeischießen, wenn jemand es versäumt, etwas Gutes zu tun.

Wenn *Avon* die Sünde des Begehens ist, dann ist *Chet* die Sünde der Unterlassung.

So viele unserer Predigten sprechen aus reaktiver Perspektive über Sünde anstatt proaktiver.

Wenn dich jemand verletzt, vergib ihm.
Wenn jemand von dir nimmt, gib ihm noch etwas anderes.
Wenn dich jemand misshandelt, halte die andere Wange hin.

Vielleicht sollten wir unsere Erwartungen ein wenig hochschrauben. Vielleicht sollten wir unser Leben nicht weiter in Sorge darüber leben, dass wir zu leicht beeinflusst werden könnten. Vielleicht sollten wir uns stattdessen die Tatsache zunutze machen, dass es so ist, und dann die richtigen Einflüsse kultivieren.

Wir können unser Gewissen ausbilden, anstatt es abzustumpfen.

Mit achtzehn Jahren ließ ich Gott links liegen. Anfangs fühlte ich mich schrecklich, wenn ich an Orte ging, von denen ich wusste, dass ich dort nichts zu suchen hatte. Doch je öfter ich solche Orte aufsuchte, desto einfacher wurde es. Mein Gewissen stumpfte ab. Mein Herz wurde hart. Ich konnte es nicht mehr spüren. Was ich als Nächstes erlebte, hat mir gezeigt, dass es ein Versprechen gibt, an dem wir festhalten können: Wenn wir Buße tun, kann der König jene Gefühle der Abscheu in uns wiederherstellen, die als Stolperdraht fungieren und Alarm schlagen, wenn wir etwas Gefährlichem zu nahe kommen oder etwas Gefährliches uns zu nahe kommt.

Wir können uns darin üben, Gottes Gegenwart wahrzunehmen.

Ein Freund von mir sagt, er bete nicht jeden Morgen für eine Stunde, um Gott in dieser Gebetszeit zu hören, sondern er bete jeden Morgen für eine Stunde, damit er Gott hören kann, wenn er am Abend Pizza isst. Ich glaube, das ist der halbe Weg hin zu einer Form des Lebens in der Wolke, das Smith Wigglesworth zu verstehen schien, als er sagte:

> „Ich bete selten länger als dreißig Minuten. Allerdings vergehen selten dreißig Minuten, in denen ich nicht bete."

Wir können eine mentale Bestandsaufnahme machen.

> *Weiter, Brüder und Schwestern: Was wahrhaftig ist, was ehrbar, was gerecht, was rein, was liebenswert, was einen guten Ruf hat, sei es eine Tugend, sei es ein Lob – darauf seid bedacht!*[82]

Wenn wir andere lehren, lernen wir ein zweites Mal. Man sagt, dass jemand Informationen besser speichern kann, wenn er sie sieht, als wenn er sie hört. Und manche sagen, dass es effektiver ist, etwas persönlich zu erleben, als es nur zu beobachten. Eines weiß ich ganz gewiss: Der beste Weg, etwas zu lernen, ist es zu lehren!

Für einige Leser dieses Buches mag der Gedanke, andere zu unterrichten, einen Schritt zu weit gehen. Aber darum geht es in diesem Prinzip.

> *Denn aus der Fülle des Herzens redet der Mund.*[83]

Von Natur aus gilt: Wenn gute Gedanken reingehen, kommen gute Gedanken heraus. Ersetze Milch mit Fleisch und du kannst zum Lehrer werden.

> *Und ihr, die ihr längst Lehrer sein solltet, habt es wieder nötig, dass man euch die Anfangsgründe der göttlichen Worte lehre und dass man euch Milch gebe und nicht feste Speise.*[84]

Ersetze Milch mit Fleisch und du wirst überrascht sein, was Gott mit dir tun kann!

Ideen zum Nachdenken

Stell dir vor, du würdest komplett erneuert werden.

Stell dir die nächste Etappe in deinem Auftrag vor. Mach dir bewusst: Wenn du willst, dass dir etwas über die Lippen kommt, musst du zuerst in großen Schlucken davon trinken. Nutze dieses Prinzip in Gottes Reich, um zu erkennen: Was auch immer reingeht, wird am Ende auch rauskommen. Mache eine Bestandsaufnahme.

Zeichne auf der nächsten Seite eine Wolke und trage dort die neuen Einflüsse und Anregungen ein, die du brauchst, um zu erleben, wie Gott dich verändert. Zähle die Bücher, Predigten, Menschen und Erfahrungen auf, die du in deinem Herzen anhäufen musst, um dich selbst auszurüsten.

NUTZE ES ODER DU WIRST
ES VERLIEREN

NUTZE ES ODER DU WIRST ES VERLIEREN
Das Problem

Ritter kämpfen mit dem, was ihnen gegeben wurde, nicht mit dem, was sie gerne hätten.

Aber es gibt ein Problem. Wir müssen vorsichtig sein, auf wen wir hören, wenn wir bewerten, was uns anvertraut wurde.

Hier sind einige Aussagen von Arbeitszeugnissen aus dem wirklichen Leben:

> Was ihre Fähigkeiten anbetrifft, leidet diese junge Dame unter Wahnvorstellungen.
> Diesem Mann würde jeder überallhin folgen ... allerdings nur aus makaberer Neugier.
> Dieser Angestellte raubt irgendeinem Kaff seinen Dorftrottel.
> Dieser Angestellte sollte es weit bringen, und je früher er damit anfängt, desto besser.
> Wenn man sich nahe genug an ihn heran stellt, kann man das Meeresrauschen hören.

Und mein persönlicher Favorit:

> Dieser Angestellte ist so dicht, dass sich das Licht um ihn krümmt!

Viele Menschen möchten uns ein Etikett aufdrücken und abstempeln. Diese Beschreibungen, die sie uns geben, haften mit der Zeit immer stärker; je länger sie an uns kleben, desto schwerer sind sie zu entfernen. Auch wenn man das Etikett abreißt, bleibt ein Klebefilm zurück. Der Sticker ist verschwunden, aber man ist ewig damit beschäftigt, den Kleber abzukratzen. Auch wenn wir uns heute verändern, werden die Menschen um uns herum es erst viel später zur Kenntnis nehmen.

Unser Himmlischer Vater hingegen drückt uns keine solchen Etiketten auf. Vielmehr sieht Er die Veränderung in uns bereits dann, wenn wir uns noch gar nicht für die Umstellung entschieden haben. Gottes Herz ist voller Hoffnung für dich und mich.

Die Behauptung stimmt:

Alle Seelen sind kostbar, aber nicht alle sind strategisch.

Gottes Liebe für uns könnte nicht größer sein. Er definiert uns nicht anhand des Etiketts, das andere uns aufgedrückt haben, und Er lässt es auch nicht zu, dass vergangene Fehler und Verletzungen Seine Gefühle bestimmen. Doch warum werden so viele von uns der Vorstellung, die Gott von uns hat, nicht gerecht? Welche Hindernisse in unserem Denken müssen wir dafür überwinden?

Wie erhöhen wir unseren taktischen Nutzen für Jesus?

Fehlannahme

Damit wir unseren strategischen Wert besser verstehen können, hat Jesus sich eine Geschichte ausgedacht.

Das vollständige Gleichnis ist im Matthäusevangelium zu finden, aber hier ist meine verkürzte Version: Ein Herr wählt drei Diener, denen er jeweils eine bestimmte Menge Geld anvertraut. Dem ersten gibt er fünf Talente, dem zweiten zwei und dem dritten eins.

Der erste Mann investiert die fünf Talente und gewinnt fünf weitere. Der zweite investiert die zwei Talente und gewinnt zwei weitere. Der dritte vergräbt sein einziges Talent.

Bei seiner Rückkehr ist der Herr mit den ersten beiden zufrieden, doch dem dritten Diener verkündet er:

> *„Du unzuverlässiger und fauler Diener! Du wusstest also, dass ich ernte, wo ich nicht gesät habe, und sammle, wo ich nichts ausgeteilt habe? Dann hättest du mein Geld wenigstens auf die Bank bringen sollen, und ich hätte es mit Zinsen zurückbekommen! Nehmt ihm sein Teil weg und gebt es dem, der die zehn [Talente] hat!"*[85]

Was die Lage für all jene schlimmer macht, die der dritte Diener repräsentiert, ist: Der Drache ist ein Betrüger.

> *„Er war von Anfang an ein Mörder und stand nie auf dem Boden der Wahrheit, weil es in ihm keine Wahrheit gibt. Wenn er lügt, redet er so, wie es seinem ureigensten Wesen entspricht; denn er ist ein Lügner, ja er ist der Vater der Lüge."*[86]

Er war bereits da am Anfang, in der Genesis, als Eva den Tag bereute, da *„die Schlange [sie] betrog"*.[87] Er ist auch am Ende da in der Offenbarung, in der wir hören, dass *„der Teufel, der sie verführte"*, in den See von brennendem Schwefel geworfen wird.[88] Das Wort, das hier mit ‚verführen' übersetzt wird, ist das Wort *planao*. Es bedeutet ‚vom rechten Wege wegführen'.[89]

Der Drache *wird* versuchen, dich irrezuführen. Er will dich glauben machen, du könntest niemals für den Herrn nützlich sein.

Seine Taktik ist es, sich drei Fehlannahmen zu Nutze zu machen, die alle in Jesu Geschichte zutage treten.

Magnet

Die erste Fehlannahme, die der Drache ausnutzt, ist unser Verständnis davon, wer Gott ist.

Der Teufel nutzte die Furcht des dritten Dieners, seinen angsteinflößenden Herrn zu enttäuschen.

> *Herr, ich wusste, dass du ein harter Mann bist ... und ich fürchtete mich.*[90]

Angst ist wie ein Magnet. Genauso wie Glaube meinen Gott aktiv werden lässt, lässt Angst meinen Feind aktiv werden. Es ist, als liege er auf der Lauer, wie ein Löwe in der afrikanischen Savanne, der eine Herde Antilopen beobachtet und nach dem schwächsten oder langsamsten Tier Ausschau hält, über das er herfallen kann.

> *Seid nüchtern und wacht! Denn euer Widersacher, der Teufel, geht umher wie ein brüllender Löwe und sucht, wen er verschlingen kann.*[91]

Wenn Gott uns eine Gelegenheit bietet oder uns auf irgendeine Art und Weise zum Mitmachen einlädt, kann unsere Angst bewirken, dass wir die Bitte ausschlagen. Wir sagen uns: „Ich werde stattdessen die nächste Gelegenheit ergreifen". Das Problem ist: Wenn die nächste Gelegenheit kommt, wird unser Feind zu derselben Angst zurückgehen. Er wird dieselben Knöpfe bei uns drücken, wie zuvor.

Wir müssen diesen Teufelskreis durchbrechen, bevor wir eine verpasste Gelegenheit zutiefst bereuen. Ich wünschte, ich persönlich hätte keine solch tragische Geschichte zu erzählen, doch ich habe eine.

Grandpops

Mein Großvater wuchs als Waise auf.

Seine Mutter starb bei seiner Geburt, sein Vater starb kurze Zeit später an einem gebrochenen Herzen. Mein Urgroßvater wurde in seinem Umfeld als Held gefeiert; er hatte sich vor einen kleineren Zug geworfen, um einen Kollegen zu retten, und dabei einen Fuß verloren.

Mein Großvater war einfach so ein Held für mich.

George Gibbs wuchs auf, ohne je seine Eltern kennenzulernen. Vielleicht ist das der Grund, warum er so viel Liebe zu seiner eigenen Familie hatte. ‚Grandpops', wie ich ihn nannte, war mein Lieblingsgroßvater. Ich denke, das lag daran, dass er nichts unversucht ließ, um mich zum Lachen zu bringen. Er sah ein bisschen so aus wie der Professor aus *Zurück in die Zukunft*, mit seinen hohen, drahtigen, weißen Haarbüscheln. Mich glücklich zu machen, schien ihn glücklich zu machen.

Als ich Anfang zwanzig war, wurde bei Grandpops Krebs diagnostiziert. Als ich die Nachricht hörte, sprang ich sofort in den Zug in Manchester, um ihn in London zu besuchen. Während ich neben seinem Bett saß, konnte ich sehen, wie mein Held, der sich früher mit seinen Armen an einem Laternenmast waagerecht in der Luft halten konnte, jetzt ein viel schwächerer Mann war. Wir unterhielten uns über verschiedene Dinge, ehe er mir schließlich sagte, er wusste, dass er sterben würde.

Er fragte mich, ob ich ihm sagen könne, wie man in den Himmel komme.

Es ist schon seltsam, dass ich vor tausenden Menschen voller Mut und Überzeugung über meinen Glauben reden kann und doch die Nerven verliere, wenn ich das Thema bei einem einzigen Familienmitglied ansprechen will.

Was ich hätte tun sollen, ist, einfach die Wahrheit des Evangeliums mit ihm zu teilen. Stattdessen schämte ich mich auf einmal anhand so einer intimen Frage und dachte an das zügellose Leben, von dem ich mich selbst erst vor kurzem abgewandt hatte. *Wer war ich schon, dass ich irgendwen hätte etwas lehren können?*

Ich schloss einen Kompromiss.

Ich gab ihm meine Bibel und zeigte ihm, welche Textstellen er lesen sollte; die Antwort würde er in den Worten auf diesen Seiten finden. Ein paar Stunden später nahm ich meinen Zug zurück nach Norden.

Innerhalb der nächsten Wochen schickte mir Grandpops einen Brief. Seine Hand hatte sichtbar an Kraft verloren und ich hatte Schwierigkeiten, die gekritzelten Worte zu lesen:

> *Lieber Paul,*
> *Danke für das Geschenk. Es war eins der schönsten*
> *Dinge, das mir jemals jemand gegeben hat. Aber*
> *ich verstehe es nicht. Ich habe immer noch etwas*
> *Angst. Könntest du es mir bitte erklären?*

Es traf mich wie eine Kugel mitten ins Herz. Ich entschied, umgehend nach London zurückzugehen und das zu tun, was ich von vornherein hätte tun sollen. Doch bevor ich gehen konnte, weckte meine Mutter mich früh am Morgen auf und sagte mir, dass Grandpops gestorben war.

Der zweitschlimmste Tag meines Lebens war der Tag seiner Beerdigung. Als ich die Kirche betrat, kam meine Großmutter mit Tränen in den Augen auf mich zu und fragte mich: „Paul, wo ist er?"

Ich wollte sagen: „Mach dir keine Sorgen, Nanny, er ist im Himmel. Und der Himmel ist ein wundervoller Ort, kann ich ihn dir beschreiben? Gott wird jede unserer Tränen trocknen ...", doch stattdessen zuckte ich nur mit den Schultern. Und mit großer Traurigkeit sagte ich: „Ich weiß es nicht."

Der Ankläger wird dich vor Gott anklagen. Er wird jedes Etikett verwenden, das er finden kann, um dich davon zu überzeugen, du hättest das Recht verloren, für Gott strategisch zu sein. Er will, dass du ins Stocken gerätst, dich versteckt hältst und stillstehst. Doch du und ich haben eine moralische Verpflichtung: Wir müssen das mit anderen teilen, was mit uns geteilt wurde.

Ritter dürfen sich niemals fürchten. Die Konsequenzen sind zu furchtbar, um darüber nachzudenken.

Tarnung

Die zweite Fehlannahme hat mit dem zu tun, was Gott uns gegeben hat. Wir laufen Gefahr, Gottes Gaben an uns geringzuschätzen, wenn wir sie mit dem vergleichen, was andere bekommen haben.

Was muss der dritte Diener gedacht haben?

Wenn ich mich selbst in diesen fiktiven Charakter hineinversetze, stelle ich mir vor, wie er die Reihe hinunterblickt, als der erste seiner Kollegen fünf Talente bekommt. Er war bestimmt begeistert von dem Gedanken, was er mit so einer Summe erreichen könnte. Als der zweite Mann dann nur zwei Talente erhält, ist er irritiert. Hatte er Mitleid mit ihm oder lachte er in sich hinein? Dann, womöglich unter großer Verlegenheit, erhält er nur ein einziges Talent.

Viele von uns haben das erlebt. Wir haben in den Spiegel geschaut und über die Gaben nachgedacht, die anderen anvertraut wurden. Unser Feind nutzt diese Ablenkung, um uns zu täuschen und vom rechten Weg abzubringen.

Hast du dich je gefragt, wie viel dieses eine Talent wert war? Eine Mine war so viel wert wie drei Monatsgehälter und ein Talent entsprach sechzig Minen. Also stellte dieses eine Talent den Arbeitslohn von fünfzehn Jahren dar! Eine Mine war ziemlich viel wert. Genauso wie du. Und das gilt auch für das, was der König in dich investiert hat. Ich weiß, dass das wahr ist, obwohl auch ich anfangs derselben Fehlannahme folgte.

Sondern was töricht ist vor der Welt, das hat Gott erwählt, damit er die Weisen zuschanden mache; und was schwach ist vor der Welt, das hat Gott erwählt, damit er zuschanden mache, was stark ist.[92]

Der Verfasser dieser Worte fährt damit fort, dass Gott die Dinge benutzt, die von der Welt verachtet werden, um die Dinge zunichtezumachen, die scheinbar wichtig sind. Niemand verachtet mehr als der Teufel. Und diejenigen, die er verachtet, verblendet er. Er umgibt dich mit denen, die er als ansehnlichere Beispiele deiner Spezies darstellt, um dein Potenzial zu vertuschen und vor dir zu verbergen.

Wir sollten nie den Tag der kleinen Anfänge verachten. Kleine Dinge haben viel größeres Potenzial als zunächst sichtbar.

Münze

Die dritte Fehlannahme handelt davon, wem das Talent gehört.

Betrachten wir die Investition, die den Dienern gegeben wurde. Für wessen Besitz halten wir sie?

Er vertraute ihnen seine Talente an.[93]

Sie gehören dem Herrn. Sie haben nie seinen Besitz verlassen. Es wurde nie gesagt, dass sie nun den Dienern gehörten. Mein Problem liegt in der Annahme, worüber ich jetzt verfüge, würde mir gehören. Doch das tut es nicht. Es ist nicht für meine Pläne bestimmt, sondern für Seine.

Meine Geistesgaben sind weder zu meinem Nutzen, noch für meinen Gewinn gedacht. Die Fähigkeiten, die Gott mir gab und mit denen Er mein Leben bereicherte, sind für die *anderen*. Die übernatürliche Gabe, die Gott zu *ihrem* Segen bereitstellt, wurde *mir* anvertraut.

Drei Fehlannahmen, jede von ihnen eine Falle, um dein Potenzial einzufangen und aus dem Umlauf zu nehmen. Wie aber konnte der

Hirtenjunge David — ein Teenager mit all den hartnäckigen Etiketten, mit denen jeder Heranwachsende zu kämpfen hat — zum berühmtesten aller Könige werden?

Sein Geheimnis liegt in seiner Münze.

Als David heranwuchs und König wurde, gab er den königlichen Münzern gemäß der jüdischen Tradition den Auftrag, eine Münze herzustellen, die zu Gottes Volk sprechen würde. Zunächst verlangte er, dass die Münze fair gewichtet sei; das sorgte dafür, dass sie auch außerhalb des israelischen Staates als zuverlässig galt. Zweitens sollte auf der einen Seite ein Bild eingeprägt sein, das die Erhabenheit eines Königs symbolisierte, dem Gott Ehre verliehen hatte; als Prägung wählte er dafür die Davidszitadelle. Die dritte Anforderung sorgte allerdings für ein wenig Überraschung bei seiner Dienerschaft.

> Auf der anderen Seite sollte ein Hirtenstab und eine Hirtentasche zu sehen sein.

Die Menschen waren begeistert von dieser Entscheidung, denn der große und mächtige David schämte sich nicht für seine ärmliche Herkunft. Sie sagten über ihn:

> „Er vergisst nie, dass Gott ihn von seinen Schafherden genommen und ihn zum König gemacht hat. Jetzt kümmert er sich um eine andere Herde und er behandelt sie genauso liebevoll und zärtlich, wie er schon seine kleinen Lämmer behandelt hatte!"[94]

Die Münze symbolisierte eine Charaktereigenschaft des Gottes von Davids Königreich.

Er hält Ausschau nach jenen, denen Er Großes anvertrauen kann, weil sie das Potenzial des Geringen nicht verkennen.

Er hält Ausschau nach Rittern, die das im Kampf einsetzen, was ihnen gegeben wurde.

Fragestellungen

Auf wen habe ich gehört, als ich das bewertete, was mir anvertraut wurde?

Habe ich Zeit darauf verschwendet, von dem zu träumen, was sein könnte, anstatt mich auf das zu konzentrieren, was Realität ist?

Ich weiß, dass ich für Gott kostbar bin, doch wie bin ich *strategisch nützlich* für Ihn?

Mit welcher der drei Arten von Fehlannahmen tue ich mich am schwersten?

> Einer Fehlannahme darüber, wer Gott ist?
> Einer Fehlannahme darüber, was Gott mir gegeben hat?
> Einer Fehlannahme darüber, wem das Talent gehört?

Wie fühle ich mich, wenn ich meine Talente mit anderen vergleiche?

Setze ich die Gaben ein, die Gott mir gegeben hat, oder vernachlässige ich sie, während ich nach anderen jage?

Falls ja: Was lehrt mich Jesu Prinzip darüber, was passieren wird?

NUTZE ES ODER DU WIRST ES VERLIEREN
Das Prinzip

Es gibt eine Sache, der Jesus nie Priorität eingeräumt hat.

Er lehrte über ein neues Königreich und einen neuen Bund. Er beschrieb eine neue Art von Anbeter. Er erklärte Dinge durch Gleichnisse und Fragen. Doch auf eine Sache richtete er von sich aus nie den Fokus.

Glaubensgrundsätze.

Merkwürdig, oder?

Natürlich bestand auch zu Jesu Zeiten Klärungsbedarf in diesen Fragen. Genau genommen reichten die dogmatischen Auseinandersetzungen derer, die behaupteten, Gottes Volk zu sein, noch viel weiter. Die Sadduzäer zum Beispiel glaubten weder an die Auferstehung noch an Engel oder die Unsterblichkeit der Seele und erkannten nur die ersten fünf Bücher des Alten Testaments als Autorität an.

Und wir dachten, wir hätten Meinungsverschiedenheiten!

Warum machte Jesus also nicht dogmatische Streitfragen zum Hauptthema?

Jesus zog durch die Städte und Dörfer der Umgebung. Er lehrte in den Synagogen und verkündete die Botschaft vom Reich Gottes ... [95]

Im Griechischen stehen für ‚lehrte' und ‚predigte' zwei unterschiedliche Wörter. *Kerusso* bedeutet, etwas zu verkünden oder auszurufen. *Didasko* bedeutet, die Verkündigung zu erläutern und auszulegen.

Wenn Jesus ein weißes Blatt Papier vor sich liegen hat, wird Er es mit der Verkündigung vom Königreich Gottes füllen. Dogmatische Fragen beantwortet Er nur in Antwort auf die Fragen anderer.

Warum?

Wenn Gott uns Menschen begegnet, spricht Er mit uns nicht über unsere *Vorstellungen*, sondern über unser *Verhalten*. Wie in den Zehn Geboten. Oder der Bergpredigt. Oder beim Apostelkonzil in Jerusalem.

Das wirft folgende Frage auf:

> Wollen wir etwas Besonderes *tun* oder nur an etwas Besonderes *glauben*?

Ritter, die für das Herz des Königs kämpfen, bringen Gottes Pläne nicht voran, indem sie lediglich Glaubenslehren durchsieben, bis der perfekte Glaube dabei herauskommt. Wie kann unser Glaube an Gott perfekt sein, wenn wir Gott noch nicht perfekt erfassen können?

> *Jetzt schauen wir in einen Spiegel und sehen nur rätselhafte Umrisse, dann aber schauen wir von Angesicht zu Angesicht. Jetzt erkenne ich unvollkommen ...* [96]

Und trotzdem scheint es, als würden unsere christlichen Gemeinschaften den Dingen Vorrang einräumen, denen Jesus keinen Vorrang gab. Wie steht es mit dir?

Willst du aktiv darin investieren, etwas Besonderes zu *tun*? Falls ja, dann stehen wir vor einer zweiten Herausforderung.

Wie sehr können wir darauf hoffen, etwas Besonderes zu tun, wenn wir das Gefühl haben, dass das, was wir zur Hand haben, zu wenig ist? Und wie genau stattet Jesus die Schwachen aus, um die Weisen zuschanden zu machen?

Möhren

Ritter erkennen, dass jeder Auftrag den nächsten bestimmt.

Am Ende Seiner erfundenen Geschichte zu den drei Dienern lässt Jesus uns über das folgende Prinzip in Gottes Reich nachdenken, das wir in Matthäus 25, 29 finden.

> *Denn wer hat, dem wird gegeben, und er wird im Überfluss haben; wer aber nicht hat, dem wird auch noch weggenommen, was er hat. (EU)*

> *Denn wer da hat, dem wird gegeben werden, und er wird die Fülle haben; wer aber nicht hat, dem wird auch, was er hat, genommen werden. (LUT)*

> *Wer das, was ihm anvertraut ist, gut verwendet, dem wird noch mehr gegeben, und er wird im Überfluss haben. Wer aber untreu ist, dem wird noch das wenige, das er besitzt, genommen. (NLB)*

Wenn *Müll rein, Müll raus* das *prägende* Prinzip ist, dann ist *Nutze es oder du wirst es verlieren* das *ausrichtende* Prinzip. Es richtet unseren Blick auf das, was wir im *Hier und Jetzt* haben und tun.

Der König will, dass ich das, was Er mir gegeben hat, jetzt annehme und es weise einsetze in dem Wissen, dass Er mir noch mehr davon geben wird. Wenn ich stattdessen von dem träume, was Er mir vielleicht geben könnte, wird Er es von mir nehmen, während ich abwarte.

Gott benutzt keine Möhren am Stock. Er stellt uns keine Versprechen in Aussicht, von denen wir niemals kosten werden. Er will nicht, dass unsere Motivation in dem liegt, was wir vielleicht dafür bekommen, wenn wir Ihm dienen. Er will, dass wir erkennen, was uns bereits gegeben wurde, und begreifen, wofür es uns gegeben wurde: um anderen zu dienen ... nicht uns selbst.

Menschen, die auf der Linie leben, sehen keine andere Möglichkeit, als sich mit dem Rechenschieber zwischen zwei Extremen zu bewegen. Am einen Ende sehen sie Aufwand, am anderen Potenzial. Sie suchen nach der richtigen Balance. Sie warten darauf, dass das, was sie *haben*, den Einsatz wert ist.

Wenn es darum geht, Gott zu dienen, werden Menschen, die auf der Linie leben, durch *ihre* Fragen gelockt:

> *Welche große Sache kannst Du mir jetzt auftragen?*
> *Welche große Sache kannst Du mir geben, die es wert ist, dass ich sie sehr gut mache?*
> *Welche große Sache kannst Du mir geben, die mich großartig auf andere wirken lässt?*

Menschen hingegen, die ein Leben in der Wolke führen, werden von *Seinen* Fragen ermutigt:

> *Gibst du Mir das, was du hast, wie gering auch immer es auf dich wirkt?*
> *Siehst du die Größe in Mir, die dafür sorgt, dass dieses ‚Geringe' Großes bewirken kann?*
> *Wirst du das ‚Geringe' in deinen Händen riskieren für die, die noch weniger haben?*

Menschen, die ein Leben in der Wolke führen, haben keine Vision von einer Vision. Sie haben eine Vision von Gott. Sie schütten ihren Wasservorrat nicht weg, nur weil sie eine Fata Morgana sehen. Sie geben sich nicht mit Hirngespinsten ab. Sie ergreifen die Realität.

Lebenslauf

Jesus verdichtet hier ein Motiv, das überall in der Bibel zu finden ist.

Wenn ich jemanden darum bitten würde, die zehn berühmtesten Personen der Bibel zu nennen, bin ich mir ziemlich sicher, dass Elia und Elisa in der Auflistung vorkommen würden. Die beiden haben natürlich viel miteinander zu tun. Elisa war der Diener von Elia, der ein großer Prophet des Alten Testaments ist.

Elias Lebenslauf ist eindrucksvoll. Er vollbrachte viele spektakuläre Wunder, unter anderem ließ er Feuer vom Himmel fallen und erweckte Tote zum Leben.

Elisa war kein Superstar und doch erbte er das Doppelte von Elias Salbung. Er selbst wollte nie im Rampenlicht stehen, doch wenn wir sein Leben eingehender betrachten, stellen wir fest, dass sein Lebenslauf vielleicht sogar noch eindrucksvoller ist als der von Elia. Er verkündigte mehrere entscheidende Prophetien und vollbrachte sogar noch mehr Wunder, als Elia es tat!

Elia empfing Prophetien, so auch sein Diener. Elia vollbrachte Wunder, so auch sein Diener. Elia diente den Menschen auf großartige Weise, so auch sein Diener.[97]

Auch Elisa hatte einen Diener. Bestimmt erkennen wir dieses Muster bei ihm wieder.

Elisas Diener hieß ________.

Kannst du die Lücke ausfüllen?

Die meisten von uns können es vermutlich nicht und das aus gutem Grund. Es wäre naheliegend, dass Gehasi, Elisas Diener, diese Linie der Propheten weiterführen würde. Wenn Tradition, Position oder Sentimentalität Gott beeindrucken könnten, dann ja. Doch das können sie nicht.

Gehasis Lebenslauf war alles andere als eindrucksvoll. Er war nicht imstande, auch nur ein einziges Wunder zu vollbringen, nicht einmal, als Elisa ihn dazu ermächtigte. Er empfing keine Prophetien. Am Ende wurde er von Elisa mit dem Aussatz bestraft.

Mit den Gelegenheiten, die ihm gegeben wurden, ging Gehasi treulos um. Aus der Geschichte geht hervor, dass er seinem Herrn nicht gehorchte und in betrügerischer Absicht versuchte, von Naaman Geld einzufordern. In einer späteren Geschichte bekommen wir dann eine Ahnung von Gehasis eigentlichem Problem. Seine geistige Unreife wird deutlich, als er beim Anblick einer herannahenden Armee in Panik gerät und nicht imstande ist, die übernatürliche Kraft zu sehen, die ihm zur Verfügung stand.[98]

Gehasi war in erster Linie an *seiner* Berufung, *seinen* Chancen und *seinen* Umständen interessiert. Dementsprechend wägte er stets ab – zwischen dem von ihm erforderlichen Aufwand und der Belohnung, die möglicherweise für ihn dabei herausspringen würde.

Gehasis Geschichte warnt uns vor den Folgen eines Lebens auf der Linie.

Er versäumte es, Gott in seiner Vision zu sehen; deshalb entschied sich Gott, ihn in Seiner Vision nicht zu berücksichtigen.

Boot

Das Prinzip *Nutze es oder du wirst es verlieren* ist nicht einfach ein Glaubenssatz. Darin steckt Leben. Es nimmt Einfluss auf unser alltägliches Leben und alltägliche Dinge. Oft wird es durch die kleinen Entscheidungen bestimmt. Als Jesus zum Beispiel zu der Menschenmenge am Ufer spricht, entscheidet Er sich dafür, einige von ihnen aufzufordern, Ihm nachzufolgen.

Eines Tages stand Jesus am Ufer des Sees von Gennesaret. Die Menschen drängten sich um ihn und wollten Gottes Botschaft hören. Da sah er zwei Boote am Ufer liegen. Die Fischer waren ausgestiegen und reinigten ihre Netze. Er stieg in das eine, das Simon gehörte, und bat ihn, ein Stück vom Ufer abzustoßen. Dann setzte er sich und sprach vom Boot aus zu der Menschenmenge.[99]

Das Merkwürdige an dieser Geschichte ist: Er wählt nicht diejenigen, die zu Seinen Füßen sitzen und begierig versuchen, Seine Aufmerksamkeit zu erlangen. Stattdessen wendet Er sich an Simon und seine Kollegen, die gerade ihre Netze reinigen.

Natürlich brauchte Er ihr Boot, aber Er hätte sich ganz einfach ans Ufer zurückziehen und aus der schwärmerischen Menge Jünger um sich scharen können. Doch das tat Er nicht.

Jesus verfolgte einen Plan, als Er in ihr Boot stieg.

Wenn du nicht weißt, dass Jesus einen Plan verfolgt, dann kennst du Jesus nicht.

Was Er tut, finde ich sehr interessant. Er hätte auch Jünger aus der aufmerksamen Zuhörerschaft auswählen können, doch stattdessen wählte Er Menschen, die sowohl Seiner Lehre als auch ihrer Arbeit Aufmerksamkeit schenkten. Vielleicht erkannte Jesus, wie unbeständig jene sein konnten, die vor Ihm saßen. Vielleicht wusste Er, dass Gottes Reich Arbeiter braucht und nicht nur Träumer.

Simon sollte später eine weltweite Bewegung entfachen, mit einer Predigt tausende Menschen zum Messias führen und einen Teil der größten Geschichte schreiben, die jemals erzählt worden ist.

Und doch fing alles mit einer Bitte an:

„Kann Ich dein Boot benutzen?"

Was wäre passiert, wenn Simon Petrus nein gesagt hätte? Hätte sich seine Chance nur hinausgezögert? Oder hätte er sie gänzlich verpasst?

Was es zu lernen gibt

Wenn wir nicht wissen, dass Jesus einen Plan verfolgt, dann kennen wir Jesus nicht.

Gottes Sohn wollte eine *Gemeinschaft* hervorbringen, die Gottes Herrlichkeit widerspiegelt.

Wenn Gott uns Menschen begegnet, spricht Er mit uns nicht über Glaubensvorstellungen, sondern über Verhalten.

Ritter erkennen, dass jeder Auftrag den nächsten bestimmt.

Der König will, dass ich mich darauf konzentriere, das zu benutzen, was Er mir bereits gegeben hat.

Wenn ich es gut nutze, wird Er mir mehr geben.

> Wenn ich die Chancen ergreife, die Er mir gibt, werden sich weitere Türen öffnen.
> Wenn ich die Chancen verschwende, die Er mir gibt, kann es sein, dass sich Türen schließen.
> Wenn ich mein Team gut leite, wird Er mir Menschen mit mehr Erfahrung in den Weg stellen.
> Wenn ich die Weisheit meiner Leiter aufnehme, wird Er mir noch bessere Lehrer geben.
> Wenn ich Bibellesen und Gebet vernachlässige, wird mein gewonnenes Wachstum verkümmern.

Meine geistigen Gaben sind weder für meinen Nutzen, noch meinen Gewinn bestimmt.

Die Fähigkeiten, die mein Leben bereichern, hat Gott für andere gegeben.

NUTZE ES ODER DU WIRST ES VERLIEREN
Das Versprechen

Möglichkeiten

Frage: Kannst du dir so ein Leben vorstellen?

Ein Leben, in dem du nicht im *Wettstreit* um Ruhm und Anerkennung stehst, den andere dir aufgedrängt haben, sondern in dem du das *Rennen für Ihn* bis zum Ende läufst, das Er für dich vorgesehen hat — im Vertrauen darauf, dass Er dich auf dem Weg mit allem ausrüstet.

Ein Leben, in dem du dich nicht auf glückliche Zufälle verlässt und andauernd deine Meinung änderst in dem Versuch, deinen nächsten Schritt zu erahnen, sondern dich stattdessen auf die Aufgabe konzentrierst, die vor dir liegt — mit dem Wissen, dass Gott jeden deiner Schritte leiten wird.

Ein Leben, in dem du dein Denken nicht für alberne Diskussionen, nutzlose Wettstreite und ertraglose Auseinandersetzungen verschwendest, sondern dich voller Glauben und Vertrauen treu nach dem richtest, von dem du weißt, dass es wahr ist — in der Gewissheit, dass der König Seine Existenz in deinen Erlebnissen beweisen wird.

Wie viel Sinnhaftigkeit würde darin liegen!

Gottes Königreich verspricht eine Welt ungeahnter Möglichkeiten. Während die menschlichen Gesellschaften weltweit unser Potenzial mit zahllosen Einschränkungen ausbremsen – wie etwa Klasse, Rasse, Alter, Ethnie, Geschlecht, Netzwerke und Eignung –, tut Gottes Reich das hingegen nicht. Wenn es doch so wäre, hätten die meisten Helden der Bibel niemals die Aufnahmeprüfung bestanden.

> Mose stotterte, David war zu klein für die Rüstung, Salomo war zu reich, David war zu jung, Elia war selbstmordgefährdet, Gideon zweifelte, Samson hatte lange Haare, Noah wurde verspottet ... und Lazarus war tot![100]

Das Versprechen grenzenloser Möglichkeiten unterscheidet Jesu Traum von allen anderen Religionen. Er hat eine andere Perspektive, eine alternative Richtschnur und erfüllt spezifische Voraussetzungen. Er verspricht, dass wir in unserer Schwachheit stark, in unserer Torheit strategisch nützlich und in unserer Demut einflussreich sind.

Das Prinzip *Nutze es oder du wirst es verlieren* eröffnet eine Fülle an Möglichkeiten, wenn wir es in die Tat umsetzen.

Wandteppich

Möglichkeit #1: *Nutze es und Gott webt aus deiner Geschichte ein Meisterwerk.*

Bei Gott gibt es kein Schicksal.

Kurz vor der Fußballweltmeisterschaft im Jahr 2002 enthüllte eine Studie, dass über 30% der englischen Fußballfans während der Spiele ihrer Mannschaft ihre ‚Glücksbringer-Boxershorts‘ tragen würden. 4% dieser Gruppe bestätigten, dass sie, wenn ihre Glücksbringer-Unterhosen funktionieren sollten, diese bis zum Ende des Wettkampfes nicht mehr waschen würden.

Aberglaube hat in Gottes Reich allerdings keinen Platz. Die Bibel lehrt uns nicht, an glückliche Fügungen oder das Schicksal zu glauben. Gottes Vorsehung hingegen taucht dreizehn Mal in der Bibel auf. Der Ausdruck bedeutet ‚im Voraus wissen'. Hauptsächlich beschreibt er, dass Gott alle Dinge lenkt und erhält.

Jeremia 29, 11 (NLB, 2006) sagt uns:

> *„Denn ich weiß genau, welche Pläne ich für euch gefasst habe", spricht der Herr. „Mein Plan ist, euch Heil zu geben und kein Leid. Ich gebe euch Zukunft und Hoffnung."*

Der ursprüngliche Wortstamm des Wortes für *Pläne* ist ein Begriff der Webkunst. Er kann auch als ‚sorgfältig, nicht dem Zufall überlassen' übersetzt werden. Stell dir einen Wandteppich vor. Auf der einen Seite sehen wir ein klares Bild, auf der anderen jedoch einen verwirrenden Mischmasch aus Farben, Formen und losen Fäden. Die meisten dieser Fäden stehen für unsere Entscheidungen, manche gut, manche weniger gut. Die übrigen Fäden stehen für die Dinge, die uns angetan wurden. Gott nimmt diese Fäden und webt sie zu dem besten Wandteppich, den Er aus den Entscheidungen machen kann, die wir Ihm zur Verfügung stellen. Oder wie der Verfasser des Römerbriefes es formuliert:

> *Wir wissen aber, dass Gott bei denen, die ihn lieben, alles zum Guten mitwirken lässt. Das sind ja die Menschen, die er nach seinem freien Entschluss berufen hat.*[101]

Von unserer Seite aus haben wir Schwierigkeiten damit, das Bild zu erkennen, doch auf Gottes Seite kann jeder die ganze Geschichte erkennen, die Er zusammenwebt. *Nutze es oder du wirst es verlieren* lehrt uns, Ihm die losen Fäden unseres Lebens anzuvertrauen, in dem Glauben, dass kein Faden unbedeutend ist. Gott verspricht uns kein perfektes Leben, sondern ein Leben in Partnerschaft mit Ihm.

Und unser Partner ist schon ein ziemlich kreatives Genie.

Hingabe

Möglichkeit #2: *Nutze es und es wird Zinsen anhäufen.*

Gott achtet nicht auf Geld, Glanz oder Günstlinge. Gott achtet auf Glauben.

Aber ohne Glauben ist's unmöglich, Gott zu gefallen ... [102]

Glaube ist Hingabe in Arbeitskleidung.

Wenn wir zu Gott kommen, werden wir *von* Ihm ausgesondert und sollen unser Leben *für* Ihn aussondern.

Doch wie funktioniert diese ausschließliche Hingabe?

Es ist so, als würden wir Gott fünf Euro zusichern. Wir geben Ihm den Geldschein und Er gibt ihn uns sofort zurück mit der Bitte, ihn bei der Bank gegen fünfhundert 1-Cent-Stücke einzutauschen. Von Zeit zu Zeit bittet Er uns dann um eines dieser 1-Cent-Stücke, die wir Ihm ja bereits zugesichert haben. Jeder Cent steht für eine Entscheidung, eine Handlung, eine *Tat.*

Erlösung geschieht, wenn wir uns selbst Gott hingeben. Aber Hingabe ist kein einmaliger Einsatz; sie besteht aus täglichen 1-Cent-Entscheidungen, die wir für Sein Reich treffen. Meine Mutter sagte immer zu mir: „Wer den Pfennig ehrt, ist des Talers wert."

Geistliches Wachstum kann *zufällig* oder *beabsichtigt* auftreten. Die Ergebnisse sehen dabei aber ganz unterschiedlich aus. Nehmen wir zum Beispiel an, zwei Menschen erhalten für ein Jahr einen kostenlosen Platz bei Pais. Einer von ihnen wächst ein bisschen, schlichtweg durch das Umfeld, die Lehre und die Gelegenheit. Der andere wächst viel mehr, weil er die Chance absichtsvoll nutzt. Er geht aktiv seine Notizen durch, die er sich gemacht hat. Er gibt sein absolut Bestes, wenn er eine Aufgabe übertragen bekommt. Er stellt seinen Leitern viele Fragen. Beide erhalten dieselbe Gelegenheit, doch sie resultiert in völlig unterschiedlichem Wachstum.

Ritter sind absichtsvoll. Sie gehen gewissenhaft mit den 1-Cent-Stücken um, die Gott ihnen gibt.

Wenn du die Tage der kleinen Anfänge wertschätzt und nicht verachtest, kannst du dir sicher sein, dass jene kleinen Gaben, die du deinem König zurückgibst, Zinsen einbringen werden. Deine Cent-Stücke werden sich in Euros verwandeln.

Doris Catherine Gibbs

Möglichkeit #3: *Nutze es und Gott wird Himmel und Erde in Bewegung setzen.*

Als ich mit der Grundschule fertig war, erhielten meine Eltern eine Auswahl an weiterführenden Schulen, auf die ich gehen konnte. Doch die Schule, die sich meine Eltern für mich wünschten, stand nicht auf der Liste. Als sie sich danach erkundigten, erfuhren sie, dass diese Schule keine freien Plätze und eine sehr lange Warteliste hatte.

Meine Mutter weigerte sich, mich zu einer der anderen Schulen zu schicken, und nach mehrwöchigem Hin und Her behielt sie mich die ersten Tage meiner Gymnasialzeit zuhause. Irgendwann wurde meinen Eltern dann mit rechtlichen Schritten gedroht und sie erhielten eine längere Liste mit Alternativschulen.

Meine Mutter war stur. Und schlau. Sie wählte die einzige Schule von der Liste, von der sie wusste, dass sie mich niemals annehmen würden. King David High. Eine rein jüdische Schule.

Die Schule lag weniger als hundert Meter von unserem Haus entfernt und es gab keine rechtlichen Gründe, die verhindern würden, dass ich dorthin ging. Es gab nur religiöse Gründe. In den darauffolgenden Tagen kam der Schulleiter zweimal bei uns vorbei und bat meine Eltern eindringlich, mich nicht auf seine Schule zu schicken. Laut meinem Vater war er bei seinem zweiten Besuch den Tränen nahe und als er wieder fort war, flehte er das Bildungsministerium an, mich nicht auf seine Schule zu schicken. Bald darauf wurde auf der Schule, die die erste Wahl meiner Mutter darstellte, auf mysteriöse Weise ein Platz frei.

Meine Mutter liebte mich und wollte, dass ich am bestmöglichen Ort unterrichtet wurde. Sie setzte Himmel und Erde in Bewegung, damit ich auf die Schule gehen konnte, die zu jener Zeit bei uns in der Nähe den besten Ruf hatte. Es war an eben dieser Schule, an der ich auf den Lehrer traf, der mich zu Jesus führte. Gott konnte sich auf Simon Newberry verlassen, seinen Glauben mit mir zu teilen. Er mag nicht der coolste oder beliebteste Lehrer gewesen sein, doch er war ohne Frage seinem Gott treu. Der Vater wusste: Wenn Er mich nur zu Herrn Newberry bringen könnte, würde Herr Newberry sich um den Rest kümmern.

Meine Frage ist folgende:

> Würde Gott Himmel und Erde in Bewegung setzen, damit diejenigen, die Er liebt, mit dir in Verbindung kommen?

Gottes Versprechen ist: Wenn du treu bist, wird Er genau das tun!

Schildkröte

Möglichkeit #4: *Nutze es und du bist für alles bereit.*

Ich bin die Schildkröte, nicht der Hase.

Sind dir Äsops Fabeln vertraut? In einer Erzählung macht sich ein Hase über eine langsame Schildkröte lustig und die beiden veranstalten ein Wettrennen, um herauszufinden, wer schneller ist. Der Hase lässt die Schildkröte bald hinter sich und siegessicher entscheidet er sich, auf halber Strecke ein Nickerchen zu machen. Als er aufwacht, muss er jedoch feststellen, dass sein Konkurrent, der langsam aber konstant gekrochen ist, die Ziellinie als Erster erreicht hat.

Genau das entspricht meiner Erfahrung. Manche Menschen beginnen mit mehr Können, Ausstrahlung und Kompetenz als andere. Doch nicht alle von ihnen sind beständig in ihrem Wachstum.

Nicht das, was dir gegeben wurde, sondern das, was du damit anfängst, ist bedeutsam.

Wie wenige Teams oder finanzielle Möglichkeiten Pais auch hatte — ich habe gelernt, was Gott mir anvertraut hat, nicht gering zu schätzen, wenn ich es mit anderen vergleiche. Einige Freunde von mir haben mir sogar gesagt, sie seien ein bisschen überrascht davon, wie weit Pais es bis heute gebracht hat. Mir wurde einmal gesagt, Pais habe ein ‚Armutsdenken'. Das glaube ich nicht. Ich glaube, wir haben ein ‚Verantwortungsdenken'. Denn in der Zeit der kleinen Anfänge haben wir gelernt, das wenige Geld, das wir hatten, so einzusetzen, dass es weit reicht und viel bewirkt. Heute setzen wir eine viel größere Menge an Geld so ein, dass sie viel weiter reicht und viel mehr bewirkt, als andere es tun könnten.

Wenn du das Prinzip anwendest, das zu nutzen, was Gott dir gibt, wird Er dir mehr und mehr geben. Und ganz allmählich bereitet Er dich dabei auf die neuen Gelegenheiten vor, die Er dir geben will.

Wenn du treu bist, solltest du nicht überrascht sein, wenn sich dir neue und womöglich beängstigende Gelegenheiten auftun. Mach dir keine Sorgen darüber, dass du dich nicht bereit dafür fühlst; du bist wahrscheinlich viel besser darauf vorbereitet, als du denkst.

Denk daran: Prophetien prägen uns nicht. Prinzipien schon. Und wenn du von diesem Prinzip geprägt wurdest und beständig das genutzt hast, was Gott dir gegeben hat, festigt sich ein Charakter nach Gottes Herzen in dir.

Du wirst auf alles mögliche vorbereitet sein. Du wirst nicht nur versuchen, sie erfolgreich zu nutzen, wenn sich dir neue Möglichkeiten eröffnen — du wirst darin trainiert sein, sie zu ergreifen.

Lebe also nicht vom Schicksal bestimmt. Gehe im Glauben voran.

Ideen zum Nachdenken

Stell dir einen Wandteppich vor und richte dein Augenmerk auf die Seite, die Gott sieht.

Stell dir die beste Geschichte vor, die Gott zusammenweben kann. Male dir aus, wie du Ihm sowohl schöne Fäden reichst, die lang und stark sind, als auch die losen Fäden, von denen du nicht weißt, wie Er sie gebrauchen kann. Stell dir vor, wie du treu all die Dinge würdigst, die Gott dir anvertraut hat, und sie weise einsetzt.

Zeichne weiter unten eine Wolke und schreibe die Gelegenheiten dort hinein, die Gott dir zurzeit gibt.

5

ERNTEN UND SÄEN

ERNTEN UND SÄEN
Das Problem

Pfeile

Ritter kämpfen Schlachten in fernen Ländern.

Wenn ich eine Bibelstelle wählen sollte, die die Arbeit von Pais beschreibt, dann wäre es Psalm 127. Der erste Abschnitt lautet wie folgt:

> *Wenn der HERR nicht das Haus baut, so arbeiten umsonst, die daran bauen. Wenn der HERR nicht die Stadt behütet, so wacht der Wächter umsonst. Es ist umsonst, dass ihr früh aufsteht und hernach lange sitzet und esset euer Brot mit Sorgen; denn seinen Freunden gibt er es im Schlaf.*

Ich bin mir darüber im Klaren, dass Pais ein Werk ist, das von Gott gebaut werden muss — ich kann das nicht tun. Die Tatsache, dass Gott sich daran beteiligt, führt mich zu der Überzeugung: Nichts von Bedeutung entsteht von jetzt auf gleich.

Das Gedicht fährt fort:

> *Siehe, Kinder sind eine Gabe des HERRN, und Leibesfrucht ist ein Geschenk. Wie Pfeile in der Hand eines Starken, so sind die Söhne der Jugendzeit. Wohl dem, der seinen Köcher mit ihnen*

gefüllt hat! Sie werden nicht zuschanden, wenn sie mit ihren Feinden verhandeln im Tor.[103]

Bei dem geistlichen Kampf, in den Gott uns gerufen hat, geht es nicht einfach um einen Kampf Mann gegen Mann. Seine inständige Bitte an uns ist es, die Zukunft zu gestalten.

Die jungen Menschen, die wir trainieren und zu Jüngern ausbilden, betrachte ich als Pfeile, die wir vorbereiten und in einen Kampf schießen, den wir selbst nicht kämpfen können. Wir schießen sie in die Büros, Fabriken, Gerichtshöfe und Universitäten, die wir selbst niemals betreten werden.

Es ist ein Kampf des Glaubens, der in der Überzeugung geführt wird, dass das, was wir *jetzt* tun, *später* einen Unterschied machen wird. Aber diese Art von Kampf kann uns erschöpfen und genau da liegt das Problem.

Nicht viele von uns sind es gewohnt, sich anzustrengen, wenn wir nicht wissen, wann es sich auszahlen wird. Wir wollen wissen, *wann* und *wie* unsere Anstrengungen belohnt werden.

Warum sollte ich so viel investieren müssen, wenn ich nicht einmal weiß, wohin das führt? Wäre es nicht besser, Gott würde Abgabefristen und Zahltage festlegen?

Skorpion

Wenn Jesus über das kommende Reich Gottes spricht, macht Er nur Andeutungen über das, was kommen wird. Er macht keine eindeutigen Aussagen über Daten und Uhrzeiten. Stattdessen ermutigt Er uns mit der Verheißung, dass der Vater etwas sehr Gutes vorbereitet, das jetzt noch verhüllt ist, und dass es irgendwann in der Zukunft ans Licht kommen wird.

Warum muss Er uns so auf die Folter spannen?

Doch jenen Tag und jene Stunde kennt niemand, auch nicht die Engel im Himmel, nicht einmal der Sohn, sondern nur der Vater. Denn wie es in den Tagen des Noach war, so wird es bei der Ankunft des Menschensohnes sein.

Seid also wachsam! Denn ihr wisst nicht, an welchem Tag euer Herr kommt. Bedenkt: Wenn der Herr des Hauses wüsste, zu welcher Stunde in der Nacht der Dieb kommt, würde er wach bleiben und nicht zulassen, dass man in sein Haus einbricht. Darum haltet auch ihr euch bereit! Denn der Menschensohn kommt zu einer Stunde, in der ihr es nicht erwartet.[104]

Jesus scheint hervorzuheben, wie wichtig es ist, dass wir auf Seine Wiederkunft vorbereitet sind. Und zugleich verweigert Er uns konkrete Anhaltspunkte darüber, wann das sein wird.

Wozu?

Zuallererst müssen wir verstehen, dass Jesus mit den Gelehrten Seiner Zeit einer Meinung war, was den Tag des jüngsten Gerichts anbelangt. Vieles von dem, was Er über Seine Wiederkunft sagt, scheint mit ihrem Denken in Einklang zu stehen. Seine Aussagen scheinen eher Erinnerungen zu sein als etwas völlig Neues. Was Jesu Aussage von den Annahmen Seiner Zeitgenossen unterscheidet, ist, dass diese glaubten, die Wiederkunft des Messias und der Tag des jüngsten Gerichts würden zeitgleich eintreten. Jesus hingegen lehrt Seine Jünger, dass diese zwei Ereignisse nicht auf einmal geschehen werden. Er, der Messias, ist bereits gekommen — doch wir haben noch Zeit, uns vorzubereiten.

Wie viel Zeit haben wir also?

Wir wissen es nicht. Und dafür gibt es einen Grund.

Es gibt einen Grund, warum das vor uns verborgen ist, warum es noch nicht enthüllt ist und warum du und ich keine Zeit mit dem Versuch verschwenden sollten, es auszurechnen. Diese Gelehrten haben gesagt:

> „Mögen die Knochen jener, die das Ende errechnen, weggesprengt werden."[105]

Warum warnten die Rabbis ihre Mitmenschen derart streng davor, ihre Zeit nicht damit zu verbringen, den Zeitpunkt für das Ende zu errechnen? Einige mag die Antwort empören. Sie sagten auch:

> „Es wurde gelehrt, dass drei Dinge kommen werden, wenn der Geist abgelenkt ist: der Messias, der Fund eines verlorenen Gegenstandes und ein Skorpion. Zögere Seine Wiederkunft also nicht hinaus, indem du an sie denkst!"[106]

Als ich jung war, habe ich gehört, wir könnten die Wiederkunft Christi beschleunigen, indem wir die ganze Welt mit Seiner Botschaft erreichten. Diese Schriften von Jesu Kollegen deuten nun darauf hin, dass wir sie auch aufhalten könnten.

Könnte das wahr sein? Und wenn ja: Warum ist das so?

Auf einer längeren Autofahrt, auf dem Rückweg von Kalifornien nach Texas, übernachteten meine Familie und ich einmal in einem Motel in New Mexico. Es hatte die übliche, schlichte Einrichtung — zwei Doppelbetten und eine Dusche. Ich war todmüde und wollte eine Nacht tief und fest schlafen, bevor uns der zweite Teil unserer Reise bevorstand. Leider wurde das durch ein kleines Detail verhindert: einen Skorpion. Es war das erste Mal, dass ich in echt einen Skorpion sah, und ich hätte gewiss nicht damit gerechnet, ihn an der Seite meines Bettes entlangschlendern zu sehen. Ich war ziemlich müde und geriet doch in Panik. Mein müder Verstand spulte eine Reihe von Fragen ab: *Da ist ein Skorpion in meinem Schlafzimmer! Ist das normal? Ist das gefährlich? Soll ich ihn einfach in Ruhe lassen? Soll ich ihn loswerden? Wie werde ich ihn los?*

Einen Moment lang erwägte ich, ihn einfach zu ignorieren, in der Hoffnung, er würde zurück nach draußen krabbeln. Ich bin jemand, dem es nicht leicht fällt, Insekten zu töten. Stattdessen mache ich Jagd auf sie, fange sie in Pappbechern ein und lasse sie in meinem Garten frei. Die Vorstellung, diesen kleinen Skorpion zu verletzen, störte mich. Könnte er wirklich so großen Schaden anrichten?

Doch dann stellte ich mir vor, dass einer meiner Söhne barfuß darauf treten würde, wenn er mitten in der Nacht auf die Toilette ging. Das wollte ich nicht riskieren, also zerdrückte ich ihn mit meinem Schuh. Später fand ich dann heraus, dass das bei dieser Art von Skorpion genau das richtige Vorgehen war.[107]

Mein größtes Problem mit dem Skorpion war, dass ich nicht mit ihm gerechnet hatte und deswegen nicht wusste, wie ich mit ihm umgehen sollte. Wenn man mit etwas rechnet, kann man damit fertig werden. Es ist menschlich, Gott im Griff haben zu wollen. Insgeheim hoffen wir, Ihn zu irgendeiner Art von Handel zwingen zu können. Abgabefristen und Abmachungen scheinen Hand in Hand zu gehen.

Aber Gott ist nicht nur *unvorstellbar*. Er ist auch *unbeherrschbar*.

Jungfrauen

Warum will Gott, dass wir erwartungsvoll aber doch so unwissend sind?

Vielleicht damit unsere Bereitschaft eine aufrichtige ist?

Wenn wir damit rechnen, dass Gott auftaucht und uns richtet, tun wir das, was Er uns sagt, wahrscheinlich eher deshalb, weil wir eine Bestrafung vermeiden oder uns eine Belohnung verdienen wollen. Wenn wir nicht damit rechnen, ist unser Handeln vermutlich eher durch authentischen Glauben motiviert und durch eine aufrichtige Liebe für die Dinge, die Er liebt.

Viele von uns sind versucht, unser Geben von dem abhängig zu machen, was wir im Gegenzug bekommen, und wir verschwenden unsere Energie damit, Risiken abzuwägen.

Jesus warnt uns in Seiner Geschichte der zehn Jungfrauen davor. Diese jungen Frauen nahmen ihre Lampen und zogen aus, um den Bräutigam zu treffen. Fünf von ihnen handelten töricht und nahmen kein zusätzliches Öl, sondern nur ihre Lampen mit sich, die anderen fünf handelten weise und füllten zusätzlich auch Vorratsbehälter mit Öl. Während sie auf die Ankunft des Bräutigams warteten, ging den fünf törichten Jungfrauen das Öl aus und sie mussten neues kaufen. Doch während sie auf der Suche nach weiterem Öl waren, traf der Bräutigam ein. Die Jungfrauen, die bereit waren, zogen mit ihm zum Hochzeitsbankett ein und die Tür wurde hinter ihnen geschlossen. Als die fünf törichten Jungfrauen zurückkamen, wurden sie abgewiesen.[108]

Die Geschichte der zehn Jungfrauen weist auf Reinheit hin. Nicht über eine Reinheit des Körpers, sondern eine Reinheit des Herzens. Nicht nur eine Reinheit des Herzens, sondern im Besonderen eine Reinheit der *Motivation*.

Das Öl in den Lampen reichte für gewöhnlich für fünfzehn Minuten, in der Regel also genug Zeit, um auf die überraschende Ankunft des Bräutigams zu reagieren. Fünf der jungen Frauen hatten genau ausgerechnet, wie viel Öl sie für ihre Lampen kaufen mussten, ohne welches zu verschwenden. Die weisen Jungfrauen hingegen hatten ihre Lampen aufgefüllt und darüber hinaus das investiert, von dem sie glaubten, dass sie es brauchen würden. Sie wollten sichergehen, dass sie bereit waren, wenn ihr Augenblick kam.

Der Fehler der törichten Jungfrauen lag nicht im Geiz. Nein, sie stürmten ja los, um mehr Geld für weiteres Öl auszugeben. Ihr Fehler bestand darin, dass sie im Voraus versuchten, genau zu berechnen, wie viel Öl sie brauchen würden, um ihre Pflicht zu erfüllen.

Und genau darin liegt das Problem.

Könnte es sein, dass viele von uns mit der Einstellung dienen, nur so viel zu tun, wie wir tun *müssen*, um das Soll und die Frist zu erfüllen?

Ist es das, was Er sich wirklich wünscht?

Könnte es sein, dass Er Seine Gunst einer anderen Art von Person mit einer anderen Art von Charakter erweisen will? Einer Person, die Gott etwas gibt und darauf vertraut, dass Er sich bei niemandem etwas zu Schulden kommen lässt?

Jesus sprach weiter in Gleichnissen und stellte dabei eine wichtige Frage:

> *Wer ist ein guter Diener?*

Gute Diener sind die, deren Dienst nicht davon beeinflusst wird, wie lange der Herr für seine Rückkehr braucht, sondern davon, wie viel von sich selbst sie investiert haben und das ohne jegliche Garantien.[109]

Wie ich bereits gesagt habe, haben Ritter einen Auftrag. Im Mittelalter waren Ritter auf der Jagd nach Schätzen und für ihren Auftrag wurden sie von ihrem König belohnt. Die Ritter dieses Prinzips in Gottes Reich werden ebenfalls mit Schätzen belohnt, doch in diesem Königreich, in dem alles umgekehrt ist, jagen sie ihnen nicht hinterher.

Stattdessen jagen sie nach dem Herz des Königs.

Fragestellungen

Zu welcher Gruppe von Jungfrauen hätte ich wahrscheinlich gehört und warum?

> Zu den weisen Jungfrauen?
> Zu den törichten Jungfrauen?

Rechne ich mir die Risiken aus? Wenn ja, wie wirkt sich das auf meinen Glauben aus?

Warum fordert Gott mich auf, jetzt so viel zu investieren, gibt mir aber keine Sicherheiten darüber, wohin das einmal führen wird?

Warum wäre es falsch, wenn Gott Abgabefristen und Abrechnungstage festlegen würde?

Wie drückt es sich in meinem Leben aus, dass ich ‚bereit für die Wiederkunft des Messias' bin?

Wie rein sind meine Motive?

ERNTEN UND SÄEN
Das Prinzip

Unterschwellig

Ritter in Gottes Reich sind in der Ausbildung.

Laut einer Studie des Nationalen Forschungsrates der USA gaben die US-Amerikaner innerhalb eines Jahres fünfzig Millionen Dollar für Audiodateien aus, deren Botschaften ihre Wirkung im Unterbewusstsein des Hörers entfalten sollen. Sie spielten diese Aufnahmen ab, während sie schliefen, oder ließen sie im Hintergrund laufen, während sie sich auf andere Dinge konzentrierten, in der Hoffnung, dass diese Aufnahmen ihnen in mehreren Bereichen ihres bewussten Lebens helfen würden – zum Beispiel dabei, ihr Selbstbild zu verbessern oder mit dem Rauchen aufzuhören. Das Ergebnis der Studie eben dieses Nationalen Forschungsrates war allerdings alles andere als unterschwellig. Sie formulierten schlicht das Urteil: „Sie funktionieren nicht". Die Tonaufnahmen zeigten nicht die versprochene Wirkung.

Gottes Rat ist in keiner Weise unterschwellig. Überall in der Bibel werden verschiedene Aspekte dieses Prinzips in Gottes Reich hervorgehoben und Galater 6, 7 bringt es auf den Punkt:

> *Täuscht euch nicht: Gott lässt keinen Spott mit sich treiben; was der Mensch sät, wird er ernten. (EU)*

Irret euch nicht! Gott lässt sich nicht spotten. Denn was der Mensch sät, das wird er ernten. (LUT)

Täuscht euch nicht! Macht euch klar, dass ihr Gott nicht einfach missachten könnt, ohne die Folgen zu tragen. Denn was ein Mensch sät, wird er auch ernten. (NLB)

Wenn *Nutze es oder du wirst es verlieren* das *ausrichtende* Prinzip ist, dann ist *Ernten und Säen* das *zukunftsweisende* Prinzip. Es sorgt für Authentizität. Wir säen in die Zukunft und das ohne Hintergedanken. Dieses Prinzip rät uns, auf das hinzuarbeiten, was dem Reich Gottes zum Erfolg verhilft, während Gott sicherstellt, dass wir später ernten, was auch immer wir jetzt säen.

Gott gibt uns Anteile an der Zukunft. Das hört man nicht alle Tage.

In unserer Instant-Welt, die unsere Aufmerksamkeit allein auf den Augenblick richtet, sind wir nicht an diese Wahrheit gewöhnt. Oft bezahlen wir Dinge, *nachdem* wir sie bereits erhalten haben. Die Welt hat die verheerenden Folgen einer Kreditkultur selbst erlebt. Der Feind ködert uns mit der selbstbefriedigenden Aussicht, dass wir etwas jetzt bekommen und später bezahlen können. Er hat das Prinzip in Gottes Reich umgekehrt! Für viele von uns hat das zur Folge, dass wir auf die Linie starren und uns fragen, wann uns unsere Belohnung zufliegen wird. Je weiter unsere Belohnung entfernt erscheint, desto weniger Risiken gehen wir ein, und je weniger wir an dieses Prinzip in Gottes Reich glauben, umso näher rücken wir an dessen Extreme.

Wenn es darum geht, in die Zukunft zu investieren, werden Menschen, die auf der Linie leben, von *ihren* Fragen angetrieben:

Wie sieht der Zeitplan aus?
Gibt es eine Abkürzung?
Was kann ich jetzt tun, damit es sich schnell für mich auszahlt?

Hingegen werden Menschen, die ein Leben in der Wolke führen, von *Seinen* Fragen geleitet:

Wirst du dich Meinem Prozess verpflichten?
Wirst du ohne Hintergedanken in Mein Königreich investieren?
Was wirst du jetzt tun, was sich in Zukunft
für andere auszahlen wird?

Menschen, die ein Leben in der Wolke führen, werden nicht künstlich dazu angetrieben, mehr auszusäen – weder durch den Geruch von Schwefel noch durch den Klang von Harfen. Sie haben keinen geistlichen Versicherungsplan. Sie handeln mit ihrer Saat keine Schnäppchen heraus.

Es ist ein geistliches Wirkungsprinzip, durch das wir unseren Beitrag zur Gestaltung der Zukunft leisten. Oder in den Worten eines Gedichts gesprochen:

Säe einen Gedanken, ernte ein Wort;
Säe ein Wort, ernte eine Tat;
Säe eine Tat, ernte eine Gewohnheit;
Säe eine Gewohnheit, ernte einen Charakter;
Säe einen Charakter, ernte eine Bestimmung.

Das Versprechen, dass wir ernten werden, was wir säen, erlaubt es uns, unsere Kultur zu prägen. Das kann die Kultur unserer Familie, Gemeinde, Gesellschaft oder Organisation sein oder woran auch immer wir teilhaben.

Wenn wir Klatsch und Tratsch säen, werden wir Misstrauen ernten.
Wenn wir Respektlosigkeit säen, werden wir Empörung ernten.
Wenn wir Gleichgültigkeit säen, werden wir Scheitern ernten.
Wenn wir Liebe säen, werden wir wahrscheinlich die Art von Liebe ernten, die wir säen.

Je länger wir leiten, umso mehr werden jene, die wir leiten, ein Spiegelbild unserer selbst. Dieses Prinzip in Gottes Reich ermutigt mich daher, es anzuwenden, um die Kultur zu schaffen, die ich sehen will. Ich muss keine Stil-Ikone, von großem Charisma oder der weltbeste Prediger sein, um die Zukunft der Organisation zu gestalten, zu deren Leitung Gott mich berufen hat.

Ich muss einfach das *sein*, was ich *sehen* will.

Verzögert

Wäre es nicht viel einfacher, wenn du genau in dem Augenblick, in dem du sündigst, die unmittelbaren Folgen davon erleben würdest?

In dieser alternativen Realität könnte es passieren, dass eine Geschäftsführerin sündigt und am Tag darauf die Gewinne einbrechen; oder vielleicht übergibt sie ihr Leben von neuem an Jesus und prompt kommen neue Kunden zur Tür herein. In der einen Woche sündigt ein Pastor und schaut zu, wie die Zahl der Gottesdienstbesucher sinkt, doch wenn er in der folgenden Woche Buße tut, bricht das Erweckungsfeuer aus.

Irgendwie scheint Gott das nicht richtig hinbekommen zu haben, oder? Vielleicht sollte ich Ihn korrigieren. Denn wenn unmittelbare Konsequenzen der Regelfall wären, würde die ganze Welt vielleicht erkennen, dass Gottes Wort wahr ist. Alle Menschen würden Ihm folgen, weil sie es nicht wagen würden, es nicht zu tun.

Aber so funktioniert es nicht, oder?

Gott will echte Freundschaft. Er will, dass wir Ihm dienen, weil wir Ihn lieben. Er will, dass wir Ihm gehorchen, weil wir Ihm glauben. Er will, dass wir Ihm ähnlich werden, weil wir es können.

Doch Ihm ähnlich werden bedeutet, dieselben Beweggründe zu haben, wie Er.

Ich las einmal einen Bericht über einen russischen Anführer, der als Kind in die Sonntagsschule ging. Da im Unterricht alles drunter und drüber ging, beschloss der Dorfpriester von Kalinovka, jedes gute Verhalten mit Süßigkeiten zu belohnen. Unser junger Freund reagierte besonders gut auf diese Behandlung und trug die Bibel mit viel Begeisterung und Frömmigkeit vor. Dem Priester fiel dieser junge Mann ins Auge und er nahm ihn unter seine Fittiche. Mit verschiedenen Naschereien und Belohnungen versuchte er, ihm gute Ergebnisse zu entlocken, und der Junge gewann Preise für das Auswendiglernen und Vortragen von Bibelversen. Als Nikita Chruschtschow erwachsen war, wurde er der Anführer des kommunistischen Russlands und leitete eine Kampagne zur Abschaffung der Religionen![110]

Künstliche Belohnungen erzeugen künstliche Ergebnisse.

Wenn Gott unmittelbare Belohnungen oder Bestrafungen verteilen würde, würde das gewiss künstliche Christen hervorbringen.

Karma

Wie bei vielen Prinzipien in Gottes Reich bietet der Teufel auch hier eine Fälschung an.

In einer BBC-Umfrage wurde Winston Churchill zum bedeutendsten Briten gewählt, der je gelebt hat.[111] Seine Beziehungsphilosophie war die folgende:

> „Ich habe kein Geheimnis. Du hast die Lektionen, die das Leben dir erteilt, nicht gut gelernt, wenn dir noch nicht aufgefallen ist, dass du Tonfall, Klangfarbe und Reaktion, die du bei deinen Mitmenschen erzeugen willst, im Voraus festlegen kannst. Es ist unglaublich einfach. Wenn du willst, dass sie lächeln, lächle

du zuerst. Wenn du willst, dass sie Interesse an dir zeigen, zeige zuerst Interesse an ihnen. Wenn du sie nervös machen willst, werde selbst nervös. Wenn du willst, dass sie laut schreien und ihre Stimme erheben, dann erhebe deine und schrei selbst. Wenn du willst, dass sie dich schlagen, schlag du sie zuerst. So einfach ist das. Die Menschen werden dich so behandeln, wie du sie behandelst. Das ist kein Geheimnis. Sieh dich um. Du kannst es an der nächsten Person, die du triffst, belegen."[112]

Churchill liebte ein Imperium. Jesus liebt ein Königreich.

Da gibt es einen Unterschied.

Wer ein Imperium bauen will, sagt: „Behandle andere Menschen so *und so* werden sie dich behandeln." Wer Gottes Königreich bauen will, sagt: „Behandle andere Menschen so, *wie* du von ihnen behandelt werden möchtest."[113]

Kein Versprechen einer unmittelbaren Wechselwirkung. Keinerlei Bedingungen. Wir säen nicht, um sofort angenehme Reaktionen zu ernten, sondern um eine Kultur für die Zukunft zu schaffen.

Churchill predigte Karma: den Glauben, dass das, was wir jetzt tun, voll und ganz unsere Zukunft bestimmt. Wie man in den Wald hineinruft, so schallt es heraus. Der Kreislauf des Lebens.

Als Christen können wir leicht zu *Karma-Chamäleons* werden, indem wir die Werte von Karma auf die Lehre Jesu übertragen. Diese aber unterscheidet sich in mindestens zwei wesentlichen Punkten:

Gnade und Königreich

Liebe sorgt für Unterbrechungen. Sie haut eine gnadenförmige Delle ins Rad.

Seine Liebe zu uns bedeutet, dass Gott durch kein universelles Gesetz gebunden ist. Sein Erbarmen kann jederzeit eintreten. Womöglich ist es ungeplant, aber nie ungewollt.

Gnade bedeutet: Wir bekommen nicht das, was wir verdienen; wir bekommen etwas Besseres.

Wie ich bereits erwähnt habe, ist dies kein Gesetz, mit dessen Hilfe wir Gott kontrollieren können. Wir säen im Glauben, dass Er es für Sein gutes Werk gebrauchen wird, und haben gewissermaßen das Vertrauen, dass Er sich auch um uns kümmern wird. Doch selten gibt es automatische oder unmittelbare Ergebnisse.

Seine Liebe zu anderen bedeutet, dass das Prinzip *Ernten und Säen* nicht nur uns zum Besten dient, sondern auch dem Reich Gottes.

Karma wirbt für Selbsterhaltung.

Gottes Reich wirbt für treuen Dienst voller Glauben.

Es soll uns um Gottes Reich gehen, nicht um Karma.

Surfen

Dieses Prinzip *trainiert* uns darin, authentisch zu dienen.

Als ich mich zum ersten Mal entschied, surfen zu gehen, bereitete ich mich ein Jahr lang darauf vor. Mit Vorbereitung meine ich, dass ich mir die Haare wachsen ließ, mir die Fachsprache aneignete und Surf-Shorts kaufte. Ich mietete ein Surfbrett, ging zum Strand, paddelte hinaus und wartete.

Mit einem Mal war ich an der perfekten Stelle für die perfekte Welle. Ein Typ rief mir sogar zu: „Die hat nur auf dich gewartet!"

Ich versuchte, dieses ungestüme Monster zu reiten, doch ich versagte jämmerlich. Die Wellen vom Fistral Beach in Cornwall warfen mich umher, als wäre ich eine Stoffpuppe, bis ich schließlich wieder auf den Strand plumpste.

Ich hatte es *versucht*, aber ich hatte mich nicht *vorbereitet*.

Der sich wiederholende Zyklus vom Säen und Ernten erlaubt es uns, in unserem Glauben zu wachsen. Wir säen, warten und erleben, dass Gott treu ist. Wir erkennen, dass wir versagen werden, wenn wir nur dann einen Versuch unternehmen, wenn sich die Gelegenheit bietet. In vielerlei Hinsicht ist es ein Test. Darin geht es nicht darum, dass Gott sehen kann, was in unserem Herzen vor sich geht; das weiß Er bereits. Stattdessen enthüllt er uns unsere wahren Motive.

Denn Glaube liegt nicht darin, große Schritte zu wagen. Glaube liegt im Warten.

Nachdem wir begeistert gesät haben und bevor wir irgendwelche Ergebnisse sehen können — das ist die Zeit, in der unser Glaube geläutert wird. Diese Zeit der Verzögerung stellt unsere Motivation auf die Probe: „Warum tue ich das hier wirklich?" oder „Kann ich damit leben, wenn es anderen Vorteile bringt, mir aber nicht?"

Wenn wir einen Charakter nach Gottes Herzen entwickeln, wird das immer größere Vorteile haben ... solange unsere Motivation nicht von der Belohnung abhängt.

Deshalb versteckt Gott die Belohnungen oft zunächst vor uns.

Ich habe einmal eine Geschichte von einem Königreich gehört, das unter einer fürchterlichen Dürre litt. Der König bat sein Volk, das gesamte Wasser zu bringen, das sie hatten, damit die Menschen überleben konnten. Er zwang niemanden; stattdessen bat er sie, so viel Wasser zu bringen, wie sie erübrigen konnten. Einige von ihnen brachten ein Fass. Andere brachten einen Fingerhut voll. Wieder andere brachten einen Karren voll Wasser. Und andere einen Becher.

Als sie im Schloss ankamen, dankte der König ihnen und schüttete das Wasser in seinen Wassergraben. So konnten Arm und Reich zum Schloss kommen, wann auch immer sie Wasser benötigten.

Als Dankeschön lud er sie zu sich in den Palast ein und zeigte ihnen seine Schatzkammer. Der gigantische Raum war gefüllt mit Edelmetallen und Juwelen. Es gab goldene Schilde, smaragdene Halsketten, silberne Speere und diamantene Ringe.

Dann wandte sich der König an sie und sagte: „Ihr könnt nehmen, was immer euch gefällt, solange es in das Gefäß passt, in dem ihr euer Wasser gebracht habt."

Genauso ist es auch mit unserer Hingabe zu Gott. Was wir in Gottes Thronsaal bringen bestimmt oft, womit wir ihn wieder verlassen.

Was es zu lernen gibt

Du kannst Gott nicht hinters Licht führen.

Er wird dafür Sorge tragen, dass wir später all das ernten werden, was wir jetzt säen.

Gott gibt uns Anteile an der Zukunft.

Ich muss aufhören, es nur zu *versuchen*, und anfangen, mich *vorzubereiten*.

Glaube liegt nicht darin, große Schritte zu wagen. Glaube liegt im Warten.

Die Konsequenzen treten im Leben verzögert ein.

Künstliche Belohnungen erzeugen künstliche Ergebnisse.

Es soll uns um Gottes Reich gehen, nicht um Karma.

Karma schließt Gnade aus. Ernten schließt Liebe ein.

Karma ist nur mit sich selbst beschäftigt. Gottes Reich besteht aus selbstlosem Dienst.

Wir können die Kultur in unserem Leben, unserer Familie, unsere Gemeinde, unserer Nachbarschaft und so weiter prägen, indem wir das sind, was wir sehen wollen.

Unser Herz ist das Gefäß. Unsere Haltung bestimmt seine Größe.

ERNTEN UND SÄEN
Das Versprechen

Frage: Kannst du in so ein Leben investieren?

Ein Leben, das du nicht mit dem Wunschdenken verschwendest, die Vergangenheit ändern zu können, sondern darauf verwendest, die Zukunft zu gestalten?

Ein Leben, in dem du nicht vorzeitig von Bord gehst, weil du dir davon eine bessere Reise erhoffst, sondern in dem du auf dem Kurs bleibst, den Gott dir gegeben hat — in dem Wissen, dass du eine noch aufregendere Reise ernten wirst, wenn du die kleinen Entscheidungen verbesserst?

Ein Leben, in dem du jene, die du liebst, freigibst, anstatt sie festzuhalten — in der Überzeugung, dass sie größer, besser und mutiger wiederkehren werden als zuvor?

Wäre das nicht die beste Belohnung überhaupt?

Was der Mensch sät ...

Wir haben das Prinzip von Ernten und Säen individualisiert. Dabei vergessen wir, dass das Wort „Mensch" auch die ‚Menschheit' meinen kann. Menschen, die ein Leben in der Wolke führen, leben nach dem Verständnis, dass das, was sie säen, nicht nur ihre eigene Zukunft beeinflusst, sondern auch das Schicksal anderer. Im Umgang mit uns sieht Gott nicht einfach nur die Einzelperson; Er wendet sich uns als Gemeinschaft zu. Josua selbst säte einen guten Bericht und dennoch erntete er mit den anderen vierzig Jahre in der Wüste.[114]

Unsere Motive werden auf die Probe gestellt. Vielleicht bist du derjenige, der sät, während andere ernten. Und das Versprechen ist, dass das, was wir heute tun, nicht nur von uns selbst geerntet wird, sondern auch von jenen, die wir kennen oder auch nicht kennen. Was für eine Gelegenheit!

Jesu Prinzip verspricht viele Gelegenheiten, die Menschheit zu segnen, während wir in unserer Authentizität wachsen.

Dies sind nur einige davon.

Nachbar

Gelegenheit #1: *Säe und du wirst in einer anderen Jahreszeit ernten.*

Als meine Frau und ich nach unserer Hochzeit in unser neues Zuhause einzogen, hoffte ich, meinem Nachbarn von meinem Glauben erzählen zu können. Doch es dauerte viele Monate, bis ich für eine passende Gelegenheit sorgen konnte. Eines Tages war ich gerade dabei, meinen Koffer in mein Auto zu laden, auf dem Weg zu einem Leiterschaftstraining. Mein Nachbar kam heraus und bat mich um ein Gespräch. Ich war bereits spät dran und sagte ihm, ich würde liebend gern in der darauffolgenden Woche mit ihm reden, sobald ich zurückkäme. Er lächelte höflich und sagte, das wäre okay. Doch irgendetwas in mir sagte mir, dass es überhaupt nicht okay wäre; deshalb überlegte ich es mir anders und folgte ihm ins Haus. Wie es bei Engländern so üblich ist, verbrachten wir die ersten fünfzehn Minuten damit, Tee zu trinken und über das Wetter zu reden, bis er endlich mit mir über sein Problem sprach. Er fragte mich, ob ich gewusst hätte, dass seine Frau früher eine Prostituierte gewesen war. Ich verneinte. Und so erzählte er mir die traurige Geschichte ihrer wackeligen Ehe und endete mit einem Fazit und einer Frage:

> „Paul, ich habe heute mit ihrer Schwester gesprochen. Sie hat mir gesagt, dass meine Frau für längere Zeit mit zwei von meinen Freunden geschlafen hat. Sie hat mich letzte Woche verlassen und hat jetzt kein Geld mehr. Und ihre Familie hat mir gerade mitgeteilt, dass sie in Nachtclubs geht und Taxifahrer mit sexuellen Gefälligkeiten bezahlt. Ich weiß, dass du Christ bist. Was soll ich tun?"

Ich hatte keinen blassen Schimmer! Ich hatte noch nie mit so einer Situation zu tun. Alles, was ich tun wollte, war, ihm die Visitenkarte meines Pastors zu geben, genauso wie ich schon meinem Großvater meine Bibel gegeben hatte. Doch ich hatte meine Lektion gelernt. Stattdessen stellte ich ihm einige Fragen, vielmehr weil ich etwas Zeit zum Nachdenken brauchte als aus Neugier. Ich nutzte diese wenigen Momente, um das zu üben, was ich monatelang jeden Dienstagabend in meiner Gemeinde gelernt hatte — Gottes Stimme zu hören.

Und mir kamen einige Gedanken in den Sinn, die weise schienen — zu weise, um von mir selbst zu stammen.

Ich teilte sie mit ihm und er sagte, dass sie wirklich hilfreich seien. Ich war Anfang zwanzig und versuchte, einem Mann Rat zu geben, der doppelt so alt war wie ich. Über Jahre hinweg war ich jeden Dienstagabend zum Bibelstudium in meiner Gemeinde gegangen. Diese Treffen waren manchmal spannend, aber genauso oft auch ein bisschen langweilig. Doch in ihnen wurde ich darin trainiert, Gottes Wort aufzunehmen und Seine Stimme zu hören. Die Disziplin, regelmäßig zu gehen, hatte mich auf diesen Augenblick vorbereitet.

Ich musste es nicht *versuchen*. Ich war *vorbereitet* worden.

Was in einer Jahreszeit gesät worden war, hatte sich in einer anderen ausgezahlt.

Winter

Gelegenheit #2: *Säe und du wirst im Verhältnis zu dem ernten, was du gesät hast.*

> *Gebt, so wird euch gegeben. Ein volles, gedrücktes, gerütteltes und überfließendes Maß wird man in euren Schoß geben; denn eben mit dem Maß, mit dem ihr messt, wird man euch zumessen.*[115]

Je mehr wir säen, umso mehr ernten wir. Ich will dir deshalb folgenden Rat geben:

> Fälle niemals einen Obstbaum im Winter.

Womöglich haben wir den Mut, jenen ersten großen Glaubensschritt zu wagen, doch der Glaube liegt im Warten. Und während wir warten, kann der Winter kommen. Im Winter sehen die Dinge trostlos aus. Der Baum sieht kahl aus, vielleicht sogar tot. Doch wir können nicht sehen, was unter der Erde wächst. Der Baum lebt noch immer. Er ist noch immer gesund. Er bereitet sich darauf vor, Früchte zu tragen.

Schraube deine Vision nicht herunter, wenn schwere Zeiten kommen. Säe weiter in dem Glauben und in dem Maß, wie du es anfangs getan hast. Wäge dein Opfer nicht von Neuem ab und verkleinere nicht den Traum, den Gott dir gegeben hat.

Du wirst im Verhältnis zu dem ernten, was du *tatsächlich* gesät hast und nicht zu dem, was du gerne *hättest* säen wollen.

Wesley

Gelegenheit #3: *Wir werden ernten, wenn wir bis zur Erntezeit bleiben.*

> *Lasst uns aber Gutes tun und nicht müde werden; denn zu seiner Zeit werden wir auch ernten, wenn wir nicht nachlassen.*[116]

Berichten zufolge wachte John Wesley jeden Morgen um fünf Uhr auf, um zu beten und die Bibel zu studieren. Knapp 13.000 Kilometer zu Pferde waren sein Jahresrekord, während er von Ort zu Ort reiste, um seinen Glauben zu teilen. Er schrieb mehr als vierzig Bücher — einige von ihnen sogar, während er auf seinem Pferd ritt — und sie wurden zu derart günstigen Preisen angeboten, dass sogar arme Menschen es sich leisten konnten, sie zu lesen. Er gründete Apotheken, Waisenhäuser, Schulen für die Arbeiterklasse und bekämpfte die Sklaverei.

Nichts von alledem geschah in einem Augenblick.

Er starb im Alter von 87 Jahren und ich meine, dass uns dieser Ausschnitt aus seinem Tagebuch das Geheimnis zu einem siegreichen Leben verrät:

> Sonntagmorgen, 5. Mai
> In St. Anne gepredigt. Wurde gebe-
> ten, nicht mehr wiederzukommen.

> Sonntagnachmittag, 5. Mai
> In St. Johannes gepredigt. Diakone haben
> gesagt: „Raus hier und bleib draußen."

> Sonntagmorgen, 12. Mai
> In St. Judas gepredigt. Kann auch dort nicht mehr hin.

> Sonntagmorgen, 19. Mai
> In St. Irgendwas gepredigt. Diakone hat-
> ten eine Sondersitzung und haben gesagt,
> ich dürfe nicht mehr kommen.

Sonntagnachmittag, 19. Mai
Auf der Straße gepredigt. Von der Straße geworfen worden.

Sonntagmorgen, 26. Mai
Auf einer Wiese gepredigt. Von der Wiese gejagt worden, als
während des Gottesdienstes ein Stier losgelassen wurde.

Sonntagmorgen, 2. Juni
Am Stadtrand gepredigt. Von der Landstraße verjagt worden.

Sonntagnachmittag, 2. Juni
Nachmittag, auf einer Weide gepredigt. Zehntausend
Menschen kamen, um mir zuzuhören.[117]

Die meisten Menschen hätten spätestens am 19. Mai aufgegeben.
Viele säen, ohne zu ernten.

Doch dieses Versprechen sagt: Bleib da, bleib dran, denn die Erntezeit
kommt.

Fitnessstudio

Gelegenheit #4: *Säe und der Geist wird dir mehr Energie geben, um
noch mehr zu säen.*

Gottes Wort erläutert dieses Prinzip in Gottes Reich weiter:

*Die mit Tränen säen, werden mit Freuden ernten. Sie gehen hin
und weinen und tragen guten Samen und kommen mit Freuden
und bringen ihre Garben.*[118]

Nach mehr als zwei Jahrzehnten des Kämpfens habe ich verstanden:
Das ist einfacher gesagt als getan.

Vor vielen Jahren wurde ich Mitglied in einem Fitnessstudio. Die Geräte
waren auf dem neuesten Stand der Technik und mir wurde gesagt, dass
ich zu Beginn eine umfassende Analyse meines Körpers durchlaufen

müsse. Dafür wurde ich an verschiedene Maschinen angeschlossen. Die Testergebnisse würden dann auf einem Blatt Papier zusammengefasst, erklärte mir meine Fitnesstrainerin. Nach zwanzig Minuten höllischer Tortur stand die junge Sadistin vor mir und fuchtelte mit etwas herum, das weniger einem Blatt Papier, sondern eher einer ganzen Schriftrolle glich. Diese Kundgebung meiner Altersschwächen reichte von der Schulter bis zum Boden.

Dann fragte sie mich, welche Ziele ich in Bezug auf meinen Körper im Fitnessstudio erreichen wolle.

Während ich mir die Analyse ansah, dachte ich bei mir: „Am Leben zu bleiben, das wäre schon mal gut!"

Sie erklärte mir, dass einige Menschen kämen, um Gewicht zu verlieren, andere, um sich auf einen Marathon vorzubereiten, und wieder andere, um nach einer Entbindung wieder in Form zu kommen. Mir aber riet sie, an meinem niedrigen Blutdruck zu arbeiten.

Ich tat mich schwer mit ihrem Vorschlag. Ich wollte zusammen mit einem Freund ins Fitnessstudio gehen, der viel größer und breiter gebaut war, als ich. Wann immer wir zusammen vorm Spiegel trainierten, sah er aus wie ein Kraftprotz und ich wie ein Schwächling!

Ich brauchte eine männlichere Motivation als die, an meinem Blutdruck zu arbeiten, also bat ich sie, ihren Vorschlag zu rechtfertigen.

Daraufhin beschrieb sie außergewöhnlich detailgetreu, wie ich von meiner Arbeit als Verkäufer völlig antriebslos und energielos nach Hause kam und auf dem Sofa zusammenbrach.

„Herr Gibbs, Sie werden keine Energie haben, wenn Sie keine aufwenden."

Wie wahr. Gott füllt immer wieder auf, was wir Ihm geben.

Je mehr wir säen, desto mehr Freude werden wir empfangen, und das ist ermutigend, denn:

... die Freude am HERRN ist eure Stärke![119]

Arthur

Gelegenheit #5: *Wir säen die Saat und Gott fügt einen übernatürlichen Segen hinzu.*

Was wir geben, mag winzig erscheinen, doch wenn es unser Bestes ist, geschieht etwas Magisches.

Ein gewisser Arthur Stace – Analphabet, obdachlos und Alkoholiker – lebte in den Straßen Sydneys in Australien. Nachdem er im Ersten Weltkrieg in Frankreich gekämpft hatte, war er auf einem Auge blind und litt unter den Nachwirkungen vom Giftgas. Während der Weltwirtschaftskrise verschlimmerte sich seine Lage, bis er schließlich Methanol für sechs Pennys pro Flasche trank. Am 6. August 1930 ging er wie schon viele Male zuvor zur Sankt Barnabas Kirche. Er ging für das kostenlose Essen dorthin; zuvor musste er jedoch die vorgeschriebene Predigt absitzen. Doch an jenem Tag glitt er auf die Knie und betete zum allerersten Mal. Als er wenige Monate später in einer anderen Gemeinde war, hörte er den Prediger rufen:

„Ich wünschte, ich könnte die Ewigkeit in allen Straßen Sydneys ausrufen!"

Im Jahr 1956 erzählte er dem *Sydney Sunday Telegraph*, was als Nächstes geschah:

Auf einmal begann ich zu weinen und ich fühlte eine starke Berufung vom Herrn, das Wort ‚Ewigkeit' zu schreiben. Ich hatte ein Stück Kreide in der Tasche und ich bückte mich und schrieb es genau dort auf den Boden. Seither habe ich es jeden

Tag mindestens fünfzig Mal geschrieben, und das ist dreißig Jahre her. Das Merkwürdige an der Sache ist, dass ich zuvor kaum einmal meinen eigenen Namen schreiben konnte. Ich hatte keinerlei Schulbildung und auch wenn mir jemand einhundert Pfund dafür hätte geben wollen, wäre ich nicht in der Lage gewesen, ‚Ewigkeit' auch nur zu buchstabieren. Doch es kam mir geschmeidig aus der Hand, in gestochener Schrift. Ich konnte es nicht verstehen und kann es noch immer nicht. Wie oft ich es auch probiert habe, das Wort ‚Ewigkeit' ist das einzige, das ich gestochen scharf schreiben kann.[120]

Dreiundzwanzig Jahre lang schrieb Arthur Stace ein und dasselbe Wort überall in seiner Stadt in perfekter Handschrift: *Ewigkeit*. Jeder konnte es sehen, doch die Identität des ‚Ewigkeitsmannes' blieb bis 1956 allen ein Geheimnis. Am 1. Januar 2000 saß die ganze Welt gespannt vor den Fernsehgeräten, um zu sehen, ob der Millennium-Fehler die Großstadt beeinflussen würde, die als erste ins neue Jahrhundert trat. Da leuchtete das Wort ‚Ewigkeit' mitten im Feuerwerk über der Sydney Harbor Bridge auf und der australische Rundfunksprecher soll Folgendes gesagt haben:

> ‚Ewigkeit' ist zum Andenken von Arthur Stace, der einst Alkoholiker war, bis er ein wiedergeborener Christ wurde.[121]

Täusche dich nicht — man erntet, was man sät. Und ein übernatürlicher Segen kann darin liegen, dass unsere Taten bis in alle Ewigkeit nachhallen.

Ideen zum Nachdenken

Stell dir die kommende Ernte vor.

Betrachte dein Leben als Saat und stell dir vor, was deine Taten und deine Werte für eine Ernte einbringen werden. Stell dir eine Zukunft vor, in der die Welt ein besserer Ort ist — eine Zukunft, in der die Werte, an die du glaubst, offen sichtbar sind und Einfluss haben. Zeichne weiter unten eine Wolke und schreibe diese Werte hinein. Überlege dir dann, wie du sie heute aussäen kannst.

DEMÜTIGEN UND ERHÖHEN

DEMÜTIGEN UND ERHÖHEN
Das Problem

Glänzend

Brauchen wir wirklich Ritter, die nach den Prinzipien in Gottes Reich leben?

Warum würde Gott überhaupt Helden hervorbringen wollen? Sollten wir nicht vielmehr auf Gott schauen als auf Menschen?

Die schlichte Antwort lautet: *Ritter inspirieren uns*!

Gott sucht nach Menschen, die Er als Vorbild dafür hochhalten kann, was Er in und durch Menschenleben tun kann. Es gibt einen Grund dafür, warum wir als *Ebenbild* Gottes geschaffen wurden: Wir helfen anderen dabei, sich von Gott *ein Bild* zu machen. Wir können Vorbilder für Seinen Charakter und Sein Königreich sein.

Ist dir schon einmal aufgefallen, dass der Apostel Paulus Jesu Beispiel in vielerlei Hinsicht gefolgt ist, nur in einer nicht? Paulus war Jude, er war Lehrer, er trainierte Jünger, er verkündete das Evangelium, er heilte die Kranken und er vollbrachte Wunder — doch er sprach nie in Gleichnissen.

Warum? Weil Menschen seine Gleichnisse waren.

Jesus zog Erzählungen, Fabeln und andere Formen von Gleichnissen heran, um zu verdeutlichen, wie Gottes Reich aussehen würde. Paulus tat das nicht. Er lebte einige Jahre nach Jesus und konnte dadurch Menschen der ersten Gemeinden als Vorbilder heranziehen.

Manchmal vergessen wir, wie entscheidend Menschen sein können, um Gottes Reich voranzubringen. Und während wir das vergessen, schieben wir die ganze Verantwortung auf Gott. Wir beten für eine Bewegung Gottes, während Er eigentlich darauf wartet, dass der Mensch in die Gänge kommt.

> *Seit den Tagen Johannes' des Täufers bis heute wird dem Himmelreich Gewalt angetan und Gewalttätige reißen es an sich.*[122]

Der König wünscht sich Ritter in glänzender Rüstung, die Seinem Volk zur Hilfe eilen. Er hält Ausschau nach Helden. Er hält Ausschau nach jenen Männern und Frauen, die bereit sind, über der Linie zu leben, und eben jene Charaktereigenschaften aufweisen, die Er am liebsten in uns allen sehen will.

Problematisch wird es, wenn wir versuchen, ein Held nach unseren eigenen Vorstellungen sein zu wollen – anstatt nach Seinen.

Beifahrersitz

Manchmal entsteht Kultur aus den kleinen Dingen.

Über die Jahre hinweg haben viele Menschen außerhalb von Pais die Kultur unserer Organisation kommentiert. Dabei heben sie insbesondere das dienende Herz unserer Mitarbeiter hervor. Autorität und Dienstbereitschaft sind wichtige Themen bei Pais.

Aus unerfindlichen Gründen ist es immer so, wenn ein Pais Team in ein Auto steigt, dass der Leiter auf dem Beifahrersitz sitzen darf. Das mag sich vielleicht albern anhören und ich bin mir nicht sicher, wann es angefangen hat, doch es ist ein Teil unserer Kultur. Wir ehren Leiter, denn wir ehren Den, der sie uns gegeben hat. Wir ehren Autorität und dadurch Den, der sie eingesetzt hat.

Autoritäten zu ehren, mag gegen den Zeitgeist unserer Gesellschaft gehen; doch dieser Unterschied sorgt dafür, dass wir etwas bewirken können. Wir können keine Veränderungen bewirken, ohne uns in Autoritätsstrukturen einzufügen. Wir dürfen nicht zulassen, dass Stolz, egal in welcher Gestalt, uns vom Kurs abbringt.

In unserer Kultur schwingen wir von einem Extrem zum anderen: Entweder feiern wir jene, deren Gesichter Plakate und Zeitschriften schmücken, oder aber wir zeigen auf jene, die unsere Toiletten putzen oder hinter den Kulissen arbeiten und bezeichnen sie als unsere „wahren Helden". Doch trifft überhaupt eines von beiden zu? Oder sind es nicht einfach die beiden Enden derselben Linie? Ist unsere Rolle, unsere Position, unser Ruhm oder unsere Anonymität wirklich so wichtig?

Als Leiter einer Jüngerschaftsbewegung begegnet mir häufig ein und dasselbe Problem: Viele wollen dort sein, wo ihre Helden sind, doch nur wenige wollen den Weg gehen, der dorthin führt. Die Eigenschaft, nach der Gott sucht, liegt nicht in den Dingen, in die viele von uns ihre Energie investieren. Er schaut nicht auf unsere Fertigkeiten oder Fähigkeiten. Er ist auch nicht an unserer Beliebtheit oder Persönlichkeit interessiert.

Er schaut auf das Innere. Er sucht nach einer verborgenen Eigenschaft.

Streik

Die Kraft dieser verborgenen Eigenschaft wurde mir zum ersten Mal deutlich, als ich ein Teenager war.

In den späten 70ern waren Streiks in Großbritannien gang und gäbe. Die Bergarbeiter protestierten gegen die Schließung von Kohlegruben und die Störung breitete sich auf verschiedene weitere Branchen aus. Es gab Nahrungsengpässe in den Geschäften und Bereiche des öffentlichen Verkehrs kamen zum Erliegen. Tatsächlich breitete sich diese Entwicklung sogar bis zu meinem Gymnasium aus, einer Schule nur für Jungen.

Die Schule fasste mehrere hundert Schüler und an einem Tag entschieden sich alle von ihnen, in den Streik zu treten. Geplant war, dass wir alle uns am Ende der Pause, während noch alle Jungen auf dem Schulhof waren, weigern würden, zurück ins Gebäude zu gehen. Die Idee sprach sich herum und als die Schulglocke zum Ende der Pause läutete, rührte sich keiner vom Fleck. Mehrere hundert Jungen versammelten sich auf dem Schulhof und standen solidarisch zusammen. Vielleicht waren einige dabei, die ein Statement abgeben wollten, indem sie mit ihren Vätern und Müttern zusammen *,dem Mann'* die Stirn boten. Für die meisten von uns war es jedoch einfach ein großer Spaß.

Ich werde nie vergessen, was als Nächstes geschah, doch ehe ich die Geschichte erzähle, muss ich den Kontext erklären. Es gab so einige besondere Charaktere an meiner Schule und die meisten waren Lehrer. Ich werde ihre Namen nicht nennen, um die Schuldigen zu schützen. Der Spitzname von Herrn M. war ‚Mad M. der Ausraster'. Er war einer von drei Lehrern, die bekannt dafür waren, in körperliche Auseinandersetzungen mit Schülern zu geraten. Einmal hat er mich verprügelt, weil ich einen zeitlich schlecht abgepassten Schneeball warf, und zwar genau auf seine Nase. Er war bekannt dafür, die Beherrschung zu verlieren. Doch in mancherlei Hinsicht brachte ihn das auf Augenhöhe mit den Schülern.

Herr M. war cool, weil sich keiner mit ihm anlegen wollte.

Herr C. war Anarchist und Englischlehrer. Er trug einen schwarzen Anzug, ein schwarzes Hemd, eine schwarze Krawatte und schwarze Dr. Martens Schuhe. Er schien besonders Mitglieder des christlichen Schülerclubs ins Visier zu nehmen und zwang sie, Textstellen mit Schimpfwörtern aus einem Buch vorzulesen, und bestrafte dann alle, die sich weigerten. Zumindest bei einem Vorfall war seine bevorzugte Methode der ‚Kosch', eine Form der körperlichen Züchtigung mit einem geschlitzten Lederriemen, mit dem er einem auf Hand oder Hintern schlug.

Herr C. war cool, weil er knallhart war.

Ein weiterer beliebter Lehrer war Herr W. Er unterrichtete Physik und nutzte seinen Humor, um bei der Klasse anzukommen. Leider erinnere ich mich noch immer an einige seiner schmutzigen Witze.

Herr W. war cool, weil er witzig war.

Herr N. unterrichtete Religion, was seinen Coolnessfaktor nicht unbedingt in die Höhe trieb. Trotzdem hatte Simon Newberry einen gewaltigen Einfluss auf eine kleine Gruppe, die vielleicht als seine Jünger bezeichnet werden könnten. Mit seinem Unterricht und seiner Leidenschaft hatte er einige junge Menschen dahin geführt, auf Jesus zu vertrauen. Er wünschte sich so sehr, uns in Gottes Familie einzubeziehen, dass er freitagabends mehrmals vom Schulgelände zur nächsten Gemeinde fuhr und dabei die kleineren Jungen manchmal sogar in den Kofferraum lud.

Herr N. war nicht cool.

Zurück zum Tag des Streiks …

Die Schulleitung geriet in Panik und wusste nicht, was sie tun sollte. So etwas war noch nie zuvor passiert. Natürlich hatten die Lehrer schon einmal kleinere Gruppen von Schülern aufgelöst, wenn sie sich prügelten, aber das hier war um einiges ernster. Ich erinnere mich, wie Herr M., Herr C. und Herr W. nacheinander geschickt wurden, um einzeln mit uns als Gruppe zu sprechen. Sie sprachen laut zu unserer Masse und jeder von ihnen versuchte, uns mit seinem Charisma entweder Angst einzuflößen oder uns dazu zu ermutigen, den Streik abzubrechen. Sie benutzen Humor, Zwang oder sogar Drohungen.

Alle drei scheiterten.

Dann wurde Simon Newberry zu uns rausgeschickt. Ich erinnere mich noch, wie ich ihn verdutzt beobachtete, weil er für rund eine Minute überhaupt nichts sagte. Stattdessen schien er die Menge mit seinen Augen abzusuchen.

Mit einem qualvollen Gefühl, das mir den Magen umdrehte, wurde mir auf einmal klar, was er tat. Er suchte unter den Gesichtern nach jenen von uns, die Teil des christlichen Schülerclubs waren, den er leitete. Gerade als ich versuchte, mich hinter einigen Schülern zu verstecken, trafen sich unsere Blicke. Anstatt mit lauter Stimme zur gesamten Schule zu sprechen, kam Herr Newberry direkt zu mir und sagte dann mit gesenkter Stimme: „Gibbs. Komm schon, du weißt, dass das hier falsch ist."

Ich und wohl auch ein oder zwei meiner Freunde waren diejenigen, die an jenem Tag den Streik brachen. Wir riskierten unsere eigene Coolness, indem wir kleinlaut aus der Masse traten und Herrn Newberry folgten, vorbei an unseren Mitschülern und auf die Schultür zu. Binnen zwei oder drei Minuten hatte sich der gesamte Schulhof geleert. Der Streik war vorbei.

Das ist die Kraft eines Ritters.

Cola

Es gibt eine Sache, die Jesus nie geheilt hat.

Er ließ die Blinden sehen, die Tauben hören und die Lahmen gehen. Er erweckte die Toten wieder zum Leben und tröstete alle, die unter körperlichen und emotionalen Schmerzen litten. Aber diese eine Sache hat Er nie auf der Stelle geheilt:

Charakter.

Er verwandelte Menschen auf einen Schlag, befahl ihnen zu gehen, zu sehen, zu hören und aufzustehen. Aber er hat sie nie in einem Augenblick dahingehend verändert, dass sie sanftmütig, demütig, ehrlich oder mutig wurden.

Es gibt einige Wunder, die Jesus *vollbringt*, und andere, die Er *zur Vollendung bringt*.

Das Wunder, das Er an unserem Charakter wirkt, braucht Zeit. Manchmal ist es auch gerade die Zeit selbst, die es zustande bringt.

Kein anderer Lehrer hätte tun können, was Simon Newberry an jenem Tag tat. Herr M., Herr C. und Herr W. waren zwar cool, aber die coolen Lehrer konnten den Streik nicht brechen, weil jenen, die ihnen folgten, ihre eigene Coolness zu wichtig war. Es war unmöglich, sie dazu zu bewegen, irgendetwas Uncooles zu tun.

Herr Newberry hat vielen Hoffnung gebracht, doch woher kam dieser Einfluss?

> *Denn wir wissen: Durch Leiden lernen wir Geduld, durch Geduld kommt es zur Bewährung, durch Bewährung festigt sich die Hoffnung.*[123]

Hoffnung kommt von einem gefestigten Charakter, der sich bewähren konnte.

Charakter und Charisma sind nicht dasselbe.

Wenn Charisma einen Raum betritt, fällt es jedem auf. Jeder folgt. Jeder ist begeistert. Aber wenn es nur Charisma ist, werden sie schnell ernüchtert. Wenn die Substanz fehlt, werden diese Nachfolger bald abfallen.

Wenn Charakter den Raum betritt, fällt es niemandem auf. Niemand folgt ihm und zweifelsohne ist niemand begeistert. Aber früher oder später schimmert dieser Charakter durch und nach einiger Zeit werden andere darauf aufmerksam. Ein Leiter mit Charakter wird feststellen, dass er mit der Zeit mehr und mehr Nachfolger hat, die ihm fortwährend folgen. Fragst du dich, ob du Charakter hast? Dann frag dich: „Folgen mir heute mehr Menschen nach als früher?"

Charakter bringt Hoffnung.

Menschen mit Charakter halten ihr Wort. Sie sind verlässlich. Man kann ihnen vertrauen. Wenn sie sagen, dass sie etwas tun werden, ist es sicher, dass es auch geschieht. Sie halten einen Termin ein. Sie kommen pünktlich. Sie kommen zu der Zeit an, die sie genannt haben, und sie gehen solange nicht, bis das erreicht wurde, was sie tun wollten.

> *„Es ist vollbracht."*[124]

Das Problem entsteht dann, wenn wir versuchen, Gottes Reich voranzubringen, indem wir unser Charisma weiterentwickeln und nicht unseren Charakter.

Wenn man eine Dose Coca-Cola in ein Glas schüttet, passiert etwas Spannendes: Es fängt ganz schön an zu sprudeln. Es sind diese Perlen und Blasen, die unsere Aufmerksamkeit auf sich ziehen. Es ist der Schaum, der überfließt. Aber die Blasen werden bald zerplatzen.

Wenn man eine Dose Coca-Cola in ein Glas schüttet, baut sich etwas auf: Die Flüssigkeit steigt. Es ist die Flüssigkeit, die erfrischt. Es ist die Flüssigkeit, die den Durst stillt. Die Flüssigkeit, nicht das Gesprudel, ist das, worum es *wirklich* geht.

Genauso ist es auch der Charakter des Ritters und nicht seine schimmernde Rüstung, der Gott beeindruckt.

Charisma ist sehr nützlich, aber Charisma alleine wird verfliegen und eine Menge Menschen enttäuscht zurücklassen. Unsere Gesellschaft legt Wert auf fünfzehn Minuten des Ruhms. Wir sollen jedoch nicht nach unmittelbarem Erfolg streben, weil unser König etwas gestalten will, das langfristig Bestand haben wird.

Er wünscht sich das, worum es wirklich geht.

Naches

Gott braucht Ritter, die sowohl Charisma als auch Charakter haben. Und das Prinzip *Demütigen und Erhöhen* ist der Prozess, bei dem das eine das andere hervorbringt.

Warum hat Gott Folgendes über Jesus gesagt?

> *Dies ist mein lieber Sohn, an dem ich Wohlgefallen habe.*[125]

Er hatte doch eigentlich noch gar nichts getan! Keine Wunder, keine Heilungen, keine Lehre und keine berühmten Taten der Nächstenliebe. Doch zu der Zeit lag etwas in Jesus verborgen, das der Geist sah — etwas an Seinem Herzen und Seinem Charakter, von dem ich glaube, dass es in Seinem ersten Wunder zum Vorschein tritt.

Während einer Hochzeit in Kana vollbringt Jesus Sein erstes Wunderzeichen. Der Wein ist gerade ausgegangen und Maria, die Mutter Jesu, wagt sich etwas zu weit vor. Sie hatte eine Prophetie über ihren Sohn erhalten. Sie hatte zugesehen, wie Er groß wurde, und sie war Zeugin geworden, wie einige sehr wichtige Menschen Ihm Geschenke gebracht hatten. Es wird erzählt, wie sie verschiedene Dinge in ihrem Herzen bewahrte, mit dem Wissen, dass eine künftige Generation sie eines Tages seligpreisen würde. Als der Wein ausgeht, ist der Gedanke, der ihr kommt, ziemlich naheliegend ...

Das ist mein Augenblick!

Hier und jetzt, bei diesem wichtigen Anlass und vor all ihren Freunden und Verwandten, war der Augenblick gekommen, in dem Jesus sie stolz machen würde. Es war Zeit für *Naches*.

Naches ist ein jiddisches Wort, das jene Art von Freude beschreibt, die nur eine Mutter fühlt. Jesus jedoch hat eine bestimmte Reaktion darauf. Er sieht den Stolz in ihr und mit einer hebräischen Redewendung stellt Er ihre Beweggründe infrage, höflich aber bestimmt.[126] Auch hilft Er ihr dabei, Ihn als Herrn zu sehen und nicht als Kind, das sie leiten muss.

Ihre Antwort ist goldrichtig. Sie lässt die Sache auf sich beruhen und gibt dann den besten Rat, der je gegeben wurde.

„Tut, was immer er euch befiehlt."[127]

Es ist eine wichtige Lektion, die Jesus Maria beibringt. Er benutzt Seine Begabung nicht für Party-Tricks oder dafür, Seine Familie oder Seine Jünger zu beeindrucken.

Tatsächlich reagiert Jesus nur dann, als Er gefragt wird, und infolgedessen geschieht ein großartiges Wunder.

Es gibt hier viel zu lernen.

Jesus sagte: *„Meine Stunde ist noch nicht gekommen."*[128]

Er war sich Seiner Vorbereitung bewusst.

Dreißig Jahre Vorbereitung auf drei Jahre weltveränderndes Wirken!

Jesus schätzte den Prozess. Tue ich das?

Jesus schützte den Prozess. Tue ich das?

Jesus überstürzte den Prozess nicht. Tue ich das?

Jesus kannte den Prozess. Tun wir das?

Fragestellungen

Ich bin als Ebenbild Gottes geschaffen — hilft mein Leben anderen, sich von Gott ein Bild zu machen? Wenn ja: Was sehen sie?

Will ich, dass mein Leben und meine Worte andere inspirieren?

Sind Anonymität und Demut ein und dasselbe?

Könnte ich ein Gleichnis sein, das Jesus erzählt?

Versuche ich, ein Held nach meinen eigenen Vorstellungen zu sein, anstatt nach Seinen? Und wenn ja, wie?

Ehre ich Fremde, während ich die, die mir nahestehen, nicht respektiere?

Wie bringt mein Charakter in anderen Menschen Hoffnung hervor?

Welchen Prozess mache ich gerade durch, der ein Anzeichen dafür sein könnte, dass Gott Seinen Charakter in mir entwickelt?

Gleicht mein Leben einer Menge Schaum? Oder ist es das, worum es wirklich geht?

DEMÜTIGEN UND ERHÖHEN
Das Prinzip

Vigil

Ritter sind zuerst Knappen.

Erst nachdem ein Knappe seine Lektionen gut gelernt hatte, konnte er darauf hoffen, ein Ritter zu werden. Auch wenn die Vorgehensweise sich über die Jahre veränderte, war es selten, dass ein Soldat unmittelbar auf dem Schlachtfeld zum Ritter geschlagen wurde. In der Regel durchlief er einen Prozess. Dieser Prozess wurde Vigil genannt und begann mit Gebet. Die ganze Nacht hindurch fastete, beichtete und betete der Knappe in der Kapelle zu Gott; er machte sich bereit für ein Leben als Ritter. Als Zeichen der Reinheit trug er ein weißes Hemd, einen goldenen Waffenrock und einen purpurnen Mantel. Er legte einen Eid ab und schwor, den Ehrenkodex der Ritter zu befolgen und niemals vor einer Schlacht zu fliehen. Nur dann wurde er von seinem König oder Herrn zum Ritter geschlagen.

Es muss ein außergewöhnlicher Prozess stattfinden, um das Herz zu prägen.

Einfach ausgedrückt: Ritter müssen zuerst das Knie beugen.

Jesus erläutert dieses Konzept in einem Gleichnis, in dem Er seine Zuhörer anweist, bei ihrer Platzwahl auf einem Hochzeitsmahl eine demütige Haltung anzunehmen. Jesus schließt Seine Geschichte mit dem Prinzip *Demütigen und Erhöhen* ab, das wir in Lukas 14, 11 finden:

> *Denn wer sich selbst erhöht, der soll erniedrigt werden; und wer sich selbst erniedrigt, der soll erhöht werden. (LUT)*

> *Jeder, der sich selbst ehrt, wird gedemütigt werden; aber wer sich selbst erniedrigt, wird geehrt werden. (HFA)*

> *Denn die Stolzen werden gedemütigt, die Demütigen aber geehrt werden. (NLB)*

Das Gebot ist, demütig zu sein und anderen den Vorzug zu geben. Und wenn wir Demut üben, wird das zur Folge haben, dass Gott uns dabei ins Rampenlicht rücken kann, um Seine Güte zu demonstrieren. Doch wenn wir stolz werden, wird Gott uns entweder von diesem Ehrenplatz entfernen oder aber von vornherein verhindern, dass wir ihn erlangen.

Wenn *Ernten und Säen* das *zukunftsweisende* Prinzip ist, dann ist *Demütigen und Erhöhen* das *befreiende* Prinzip.

Dieses Prinzip leitet uns zwischen zwei Extremen: am einen Ende Demut als falsche Bescheidenheit, am anderen Ende Stolz.

Menschen, die auf der Linie leben, werden von *ihren* Fragen daran gehindert, Gott widerzuspiegeln:

> *Wie kann ich das Rampenlicht meiden, um nicht persönlich gedemütigt zu werden?*
> *Wie kann ich Anonymität meiden, damit ich persönliche Anerkennung finden kann?*
> *Wie kann ich den Prozess meiden, um gleich an die Spitze zu springen?*

Hingegen werden Menschen, die ein Leben in der Wolke führen, von *Seinen* Fragen dazu inspiriert:

> *Wirst du einem unvollkommenen Leiter dienen, um ein voll-*
> *kommener Diener zu werden?*
> *Wirst du Mir dienen und nicht anderen Menschen, um Mir Ehre*
> *zu bringen, und nicht dir selbst?*
> *Wirst du Treue demonstrieren, sodass ich*
> *Mich selbst als treu erweisen kann?*

Freiheit liegt in dem Leben über der Linie.

Menschen, die auf der Linie leben, verspüren oft das Bedürfnis, andere zu beeindrucken, als läge ihr Schicksal in den Händen anderer Menschen. Sie werden von dem Bedürfnis getrieben, sich mit allen Menschen gut zu stellen, die eine hohe Stellung haben, und ignorieren dabei alle anderen. Sie kennen die Sicherheit nicht, die in dem Wissen liegt, dass kein Mann und keine Frau letztendlich ihren Aufstieg oder Fall bestimmen wird.

Im Gegensatz dazu sind Menschen, die ein Leben in der Wolke führen, frei, sie selbst zu sein. Sie können darauf vertrauen, dass Gott sie zur rechten Zeit zu Seiner Ehre ins Rampenlicht stellen wird.

Das Feudalsystem unterteilte die Gesellschaft in zwei Klassen — Ränge mit Ansehen und ohne Ansehen. Ritter genossen Ansehen. Sie nahmen einen wichtigen Platz im Gefüge der Gesellschaft ein, doch sie kämpften darum, sich wertgeschätzt, bestätigt und respektiert zu fühlen.

In Gottes Königreich, in dem alles umgekehrt ist, verfolgen Seine Ritter solche Dinge nicht. Seine Ritter wissen, dass sie wertgeschätzt werden, sie fühlen sich bestätigt und sie begreifen ihre bedeutende Rolle als Kinder Gottes.

Ritter des Königreiches kämpfen nicht, um Ansehen zu gewinnen. Sie kämpfen, weil sie es bereits haben.

Auflauf

Demut wird definiert als ‚ein Fehlen an Eitelkeit oder Selbstgefälligkeit'.

Aber ist es das?

Hör dir die Worte von Paulus an, einem Mann, der Freiheit predigte.

> *Ich bin der Geringste unter den Aposteln.*[129]
> *Ich bin der Allergeringste unter allen Heiligen.*[130]
> *Ich bin der größte Sünder.*[131]
> *Paulus, berufen zum Apostel Christi Jesu.*[132]
> *Darum ermahne ich euch: Folgt meinem Beispiel!*[133]

Paulus scheint Folgendes verstanden zu haben: Die Demut, nach der Jesus sucht, erlaubt es uns, uns selbst sowohl als Sünder wie auch als Heilige zu beschreiben.

Im Englischen gibt es das Sprichwort vom ‚humble pie', das vielleicht als ‚erniedrigender Auflauf' ins Deutsche übertragen werden kann: Diesen zum Essen vorgesetzt zu bekommen, bedeutet das, was der Name sagt: gedemütigt zu werden. Die Redewendung stammt aus dem Mittelalter, aus Zeiten, in denen die Feudalherrschaft mit ihren Ständen der Herren und Ritter, Leibeigenen und Bauern das Bild der Gesellschaft prägte. Wenn der Adel von einer erfolgreichen Jagd zurückgekehrt war, wurde das erjagte Wild vom Koch zerlegt und nur die besten Teile der Tiere in der Vorbereitung für das folgende Festmahl zubereitet. Was auch immer an Fleischabfällen übrig blieb – Innereien und Gedärme, die nicht besonders schmackhaft waren –, trug die Bezeichnung ‚umbles' und wurde in Form von Aufläufen oder Pasteten der Dienerschaft vorgesetzt. Schnell wurde aus dieser offensichtlichen Geste, die Abfälle bei den niederen Ständen auflaufen zu lassen, das Sprichwort vom ‚erniedrigenden Auflauf', dem ‚humble pie'.

Aber Demut ist nicht mit Demütigung zu verwechseln!

Wahre Demut bedeutet, ein richtiges Verständnis davon zu haben, welchen Stand wir vor Gott und vor den Menschen haben.

Ich hörte einmal, dass ein kleines Mädchen seinen Eltern Angst einjagte, weil sie während eines besonders heftigen Gewittersturms nirgendwo zu finden war. Als die Eltern fieberhaft nach ihrer Tochter suchten, um die ganze Familie sicher in den Sturmbunker zu bringen, fanden sie sie, das Gesicht gegen eine Fensterscheibe gedrückt.

„Sieh mal, Papa! Gott macht gerade ein Foto von mir!"

Wer demütig ist, weiß, dass er besonders ist, jedoch nur, wenn wir durch den Bildsucher eines ehrfurchtgebietenden Gottes schauen.

Was ist also falsche Demut?

Falsche Demut versteckt sich hinter Demut. Als ich Anfang zwanzig war, hielt ich zum Beispiel regelmäßig Vorträge in Schulen, in Pubs und auf den Straßen meiner Heimatstadt Manchester. Einmal fragte mich ein Freund, ob ich jemals vor einer Gemeinde predigen wolle. Ich sagte ihm, dass ich bereits mehrere Male gefragt worden war, das Angebot jedoch immer ausgeschlagen hätte, weil ich die Sorge hatte, nicht gut genug zu sein.

Er schien schockiert. „Wow", sagte er. „Du bist ja voller Stolz."

Ziemlich empört erklärte ich ihm, dass er meine Gründe missverstanden haben musste. Er antwortete, dass er mich nicht missverstanden habe. Er hielt mich für stolz, weil ich mir offenkundig mehr Gedanken darüber machte, was andere Menschen von meiner Fähigkeit hielten, als darüber, wie Gott diese nutzen könnte.

Autsch!

Damit lag er natürlich richtig. Ich hatte das Konzept von ‚Demut' als geistliche Tarnung gebraucht, um meine wahren Gefühle zu verheimlichen.

Wie oft verstecken wir uns auf diese Weise?

Freiheit

Gott lässt uns die Wahl zwischen zwei Arten von Freiheit: *Freiheit von* Entscheidungen und *Entscheidungsfreiheit*.

Eine davon ist näher an Gottes Herzen als die andere und sie testet, ob wir uns dazu eignen, erhöht zu werden.

Im Alten Bund prägte Er eine Gemeinschaft, um Seine Herrlichkeit und Gerechtigkeit zu zeigen, indem Er ihnen *Freiheit von* Entscheidungen gab. Er stellte Regeln und Vorschriften auf, Bestimmungen und Ordnungen. Dahingegen treibt Gott die Menschen im Neuen Bund vorwärts und demonstriert Seine Herrlichkeit und Gnade, indem Er uns *Entscheidungsfreiheit* gibt. Er entwirft Prinzipien und Gleichnisse und stellt uns unter die Aufsicht des Heiligen Geistes.

In dieser schönen neuen Welt gilt:

> *Alles ist erlaubt, aber nicht alles ist nützlich;*
> *alles ist erlaubt, aber nicht alles erbaut.*[134]

Auf einmal wird unsere Beziehung mit Gott betont, denn die Fragen, die uns in den Sinn kommen, sind folgende:

> Nützlich für *wen*?
> Und *was* wird hier erbaut?

Unsere Freiheit scheint daher zu kommen, dass wir Freunde von Jesus sind.

Als Jesus mit Seinen Jüngern unterwegs war, sagte Er ihnen, dass Er sie nicht mehr Diener nenne, denn ein Diener wisse nicht, was sein Herr tut. Stattdessen sagte Er ihnen: *„Ich nenne euch Freunde."*[135]

Während Gott unsere Sicht auf Ihn durch die fünf Bundesschlüsse mit den Menschen beständig weiterentwickelte, vertraute Er uns auch immer größere Freiheit an. *Entscheidungsfreiheit* ist näher an Gottes Herzen als *Freiheit von* Entscheidungen. *Freiheit von* Entscheidungen ist angenehm, aber sie lässt uns nicht so sehr wachsen wie *Entscheidungsfreiheit*. Sie lehrt uns nicht so viel über uns selbst.

Wenn wir *Freiheit von* Entscheidungen haben, müssen wir bestimmte Gebote erfüllen. Dabei ist es nicht immer klar, ob wir die Gebote aus Glauben und dem richtigen Beweggrund heraus tun. *Entscheidungsfreiheit* wiederum lehrt uns viel über uns selbst. Wenn wir *Entscheidungsfreiheit* haben, zeigen uns unsere Entscheidungen, wer wir sind. Sie zeigen uns, wie sehr wir unsere Freundschaft mit Jesus wirklich wertschätzen.

Ein Zeichen von Demut ist, dass wir unsere Freiheit für Seinen Plan einsetzen.

Haben wir das gewählt, was Sein Königreich am meisten voranbringt?

Wem war es nützlich und *was* hat es erbaut?

Während wir erhöht werden, gewährt Gott uns mehr Freiheit. Die Teammitglieder bei Pais haben zum Beispiel *Freiheit von* Entscheidungen, weil ihre Teamleiter ihren Tagesablauf organisieren und viele ihrer Ziele bereits festgelegt sind. Mitarbeiter bei Pais hingegen haben *Entscheidungsfreiheit*. Sie können selbst wählen, wie sie ihre Zeit verbringen und haben bei weitem größere Auswahl bei den Zielen, die sie setzen.

Im Wesentlichen gewinne ich nur Einblick in die Herzen von Pais-Mitgliedern, wenn sie Mitarbeiter werden. Einige sind sehr gut darin, ihre täglichen Aufträge zu erfüllen, doch die Freiheit, ihren Tag und den Zeitplan anderer zu verwalten, zeigt deutlich, was in ihnen steckt.

Entscheiden sie sich dafür, ihren Tag hinter einem Schreibtisch zu verbringen und lediglich andere zu verwalten? Oder ziehen sie es vor, rauszugehen, zu leiten und sich selbst und andere dabei herauszufordern? Nutzen sie ihre Freiheit dafür, einen Unterschied zu machen, oder dafür, ein angenehmes Leben zu haben?

Es ist eine Herausforderung. So heißt es ja auch in einem Spruch:

> „Nahezu alle Menschen können Not ertragen. Doch wenn du den Charakter eines Menschen prüfen willst, dann gib ihm Macht."[136]

Wenn wir zu einer höheren Stellung erhöht werden, kommt zum Vorschein, was wirklich in unserem Herzen ist.

Vorgehensweise

Ich versichere dir: Der König sucht nach Rittern, doch Seine Vorgehensweise, um sie auszuwählen, wird uns wahrscheinlich ungewöhnlich erscheinen. Wir helfen zuerst jemand anderem bei seiner Vision und dann bringt Gott andere Menschen dazu, uns bei der Umsetzung unserer Vision zu unterstützen!

Viele von uns erwarten vielleicht, dass Alter, Erfahrung oder Qualifikationen automatisch zu einer Beförderung führen. Gott wird uns jedoch nur erhöhen, nachdem wir uns selbst hinreichend gedemütigt haben und Ihm dienen, indem wir anderen dienen.

Nehmen wir Mose zum Beispiel. Er war ein Prinz und dachte, dass seine Berufung von Gott, seine Erziehung und seine Position ihm das Recht gaben, sich zu verhalten, wie auch immer er es für richtig hielt. Und so demütigte Gott ihn. Mose diente Jitro. Dabei lernte er Demut und obwohl er als Prinz erzogen worden war, hütete er treu die Schafe.

> *Mose aber hütete die Schafe Jitros, seines Schwiegervaters, des Priesters in Midian, und trieb die Schafe über die Wüste hinaus und kam an den Berg Gottes, den Horeb.*[137]

Dann wurde er erhöht.

> *Und der Engel des HERRN erschien ihm in einer feurigen Flamme aus dem Dornbusch.*[138]

Moses Erhöhung war ein Prozess und Verständnis kam durch ein unangenehmes Gespräch mit Gott. Er ist auch heute noch ein Beispiel für Gottes Erlösung.

Josua diente Mose. Er demütigte sich selbst.

> *Dann kehrte er [Mose] zum Lager zurück; aber sein Diener Josua, der Sohn Nuns, ein junger Mann, wich nicht aus dem Zelt.*[139]

Dann wurde er erhöht.

> *Und der HERR sprach zu Mose: Nimm Josua zu dir, den Sohn Nuns, einen Mann, in dem der Geist ist, und lege deine Hände auf ihn.*[140]

In der Gegenwart Gottes empfing Josua Weisheit, den Mut zu dienen und die Erkenntnis, zum richtigen Zeitpunkt einen Schritt zu tun. Auch heute noch, in einem Zeitalter der Kompromisse, ist er ein Beispiel für Gottes Mut.

David diente Saul.

> *So kam David zu Saul und diente ihm. Und Saul gewann ihn sehr lieb, und er wurde sein Waffenträger. Und Saul sandte zu Isai und ließ ihm sagen: Lass David mir dienen, denn er hat Gnade gefunden vor meinen Augen. Wenn nun der Geist Gottes über Saul kam, nahm David die Harfe und spielte darauf mit seiner Hand. So erquickte sich Saul, und es ward besser mit ihm, und der böse Geist wich von ihm.*[141]

David demütigte sich selbst. Er beugte auch dann noch das Knie, als er schon zum künftigen König gesalbt worden war. Während dieses Prozesses schleuderte Saul in einem Ausbruch von Wut und Eifersucht einen Speer nach David.[142] Die Bibel berichtet davon, weil es bedeutsam ist. Nach einem uraltem Brauch galt: Wenn ein Herr einen Speer oder Pfeil nach einem Diener warf und ihn verfehlte, wurde der Mann vom Dienst entlassen.[143] Dennoch fuhr David bereitwillig damit fort, sich zu unterwerfen, denn er war ein Mensch nach Gottes Herzen. Ein Prinzip in Gottes Reich übertrumpfte seine persönlichen Rechte.

Dann wurde er erhöht.

> *Und so schloss König David bei Hebron vor dem Herrn einen Bund mit den Ältesten Israels. Und sie salbten ihn zum König über Israel, wie der Herr es durch Samuel vorausgesagt hatte.*[144]

David hinterließ uns ein Beispiel von Gottes Leidenschaft und wir singen auch heute noch seine Lieder.

Fluch

Dieses Prinzip in Gottes Reich unterscheidet das Gute vom Bösen.

Jesus diente dem Vater.

Dem Vater zu dienen, klingt sagenhaft, glorreich und edel. Wir würden alle gute Dienste leisten, wenn derjenige, dem wir dienen, unseren Dienst so sehr verdient. Allerdings hat uns ein anderes Prinzip in Gottes Reich bereits gelehrt, dass wir Gott nicht dienen können, ohne Menschen zu dienen.[145]

> *Wenn nun ich, euer Herr und Meister, euch die Füße gewaschen habe, so sollt auch ihr euch untereinander die Füße waschen.*[146]

Ich kann es einfach nicht fassen: Ein König, der Seine Arme ausstreckt und für die Sünden der Welt stirbt. Das ist majestätisch. Das

ist großartig. Nur die Tatsache, dass dieser König der Könige Windeln trug, bereitet mir Schwierigkeiten. Jesus, Gott in Person, demütigte Sich selbst. Niemand tat es für Ihn.

Er ist erhöht:

> *Darum hat ihn auch Gott erhöht und hat ihm den Namen gegeben, der über alle Namen ist.*[147]

Jesus gab uns ein Beispiel von Gottes Liebe und heute richtet die Welt ihren Kalender nach Ihm.

Auch der Satan war ein Diener. Stolz führte zum Sturz des Teufels und Stolz führte zur ersten Sünde.

> *Wie bist du vom Himmel gefallen,*
> *Du schöner Morgenstern!*
> *Wie wurdest du zu Boden geschlagen,*
> *Du Bezwinger der Völker!*
> *Du aber gedachtest in deinem Herzen:*
> *„Ich will in den Himmel steigen*
> *Und meinen Thron über die Sterne Gottes erhöhen [...]"*
> *Doch hinunter ins Totenreich fährst du, in die tiefste Grube!*[148]

Das hebräische Wort für *Morgenstern* wird in der lateinischen Vulgata-Übersetzung mit ‚Luzifer' wiedergegeben. Theologen haben den Gedanken geäußert, dass Satan ursprünglich der Anbetungsleiter im Himmel war. Jedoch hat Stolz ihn in eine ganz andere Art von Rampenlicht gerückt. Der Ruhm, Gott als Inbegriff der Anbetung zu dienen, führte zu seinem Sturz. Jetzt ist der Teufel berüchtigt und dient als ultimative Warnung.

Stolz ist der ewige Fluch.

Was es zu lernen gibt

Ritter sind zuerst Knappen. Einfach ausgedrückt: Sie müssen zuerst ihr Knie beugen.

Der König wünscht sich von mir, dass ich demütig bin und anderen den Vorzug gebe.

Wenn ich stolz werde, wird Er mich entweder von einer erhöhten Stellung entfernen oder aber von vornherein verhindern, dass ich sie erlange.

Gott lässt uns die Wahl zwischen zwei Arten von Freiheit:

> Freiheit von Entscheidungen
> Entscheidungsfreiheit

Entscheidungsfreiheit ist näher an Gottes Herzen und lehrt uns mehr über uns selbst.

Demut ist nicht mit Demütigung zu verwechseln.

Wahre Demut bedeutet, ein richtiges Verständnis davon zu haben, welchen Stand ich vor Gott und vor den Menschen habe.

Falsche Demut versteckt sich hinter Demut.

Gottes Vorgehensweise für dieses Prinzip ist, dass wir zuerst jemand anderem bei seiner Vision helfen. Dann bringt Gott andere Menschen dazu, uns bei der Umsetzung unserer Vision zu unterstützen.

Stolz ist der ewige Fluch.

DEMÜTIGEN UND ERHÖHEN
Das Versprechen

Becher

Frage: Kannst du solche Charaktereigenschaften vorzeigen?

Ein Charakter frei von Unsicherheiten und den Problemen, die diese mit sich bringen.

Ein Charakter, der nicht mehr den unzumutbaren Druck spürt, andere zu beeindrucken, in dem Vertrauen, dass der König Notiz nimmt.

Ein Charakter, der den Mut zum Dienen zeigt, was auch immer geschieht.

Wie viel Respekt das erzeugen würde!

Hochmut kommt vor dem Fall. Doch was kommt vor dem Hochmut?

Während des letzten Abendmahls sagt Jesus voraus, dass Petrus Ihn verleugnen wird. Er sagt voraus, dass *alle* abfallen werden. Doch Petrus' Sünde wird seines Stolzes wegen herausgegriffen. Sie dient uns als Warnung. Petrus' Stolz ist bedeutsam. Er sieht sich selbst von drei Dingen getrennt.

Erstens distanziert er sich selbst von den anderen Jüngern. Obwohl er gerade von demselben Passah-Becher getrunken hat, hat Petrus bereits das Versprechen vergessen, das er gegeben hat. Wer aus diesem Becher trank, unterstrich eine gemeinsame Beziehung. Aus der Geschichte wissen wir, dass Juden, die von diesem Becher tranken, einen Bund miteinander schlossen. Ihre Teilnahme verkündete: *Wir werden ein gemeinsames Schicksal teilen, im Guten wie im Schlechten.*[149] Dennoch entscheidet Petrus sogleich, dass sein Schicksal sich von dem aller anderen Jünger unterscheiden wird, von denen Jesus gesagt hat, sie würden Ihn im Stich lassen.

Zweitens distanziert er sich selbst von Gottes Wort. Jesus hat gerade aus Sacharja zitiert, einem Buch, das Prophetien über den Messias enthält: Er soll für dreißig Silberstücke verkauft, für den Preis eines Töpferackers verraten und von Seinen Jüngern verlassen werden. Doch Petrus' Stolz verhindert, dass er sich selbst als Teil dieser Geschichte sieht.

Drittens distanziert er sich selbst von der Erhabenheit Jesu. Petrus sagt Jesus geradeheraus, dass Er falsch liege und er Ihn niemals verraten werde. Es ist ironisch, wie stolz er ist. Im Grunde genommen sagt er:

> *„Ich glaube so sehr an Dich, dass ich Dir nicht glaube."*

Hochmut kommt vor dem Fall … aber Distanz kommt vor dem Hochmut.

In diesem Prinzip gibt es viele Lektionen zu lernen und jede von ihnen geht mit einem Versprechen einher.

Ersatzbank

Lektion #1: *Demütige dich selbst und du wirst die bessere Version deiner selbst werden.*

Jesus hatte nur begrenzt Raum und Zeit, als Er als Mensch auf dieser Erde war. Er teilte nur das mit uns, was wirklich wichtig war … und Er sprach kein einziges Mal über Gaben oder Fähigkeiten. Warum tun wir es also?

Wir denken fälschlicherweise, das Gleichnis von den Talenten sei eine Lektion über unsere Fähigkeiten, aber das ist es nicht. Es ist eine Geschichte über Charakter. Sie erzählt von Treue. Doch wir haben Fähigkeiten und Fertigkeiten zu unserem Hauptanliegen gemacht. Wir lieben Persönlichkeitstest und Selbsteinschätzungen über geistliche Gaben. Irgendwie haben wir uns selbst davon überzeugen können, dass der Schlüssel zum Erfolg darin läge, herauszufinden, was wir tun anstatt wer wir sein sollten.

Wenn das Leben ein Spiel wäre, säße Charakter auf der Ersatzbank, während Charisma im Mittelpunkt stünde. Wir wählen Persönlichkeitstypen, Gaben oder Fähigkeiten für die Schlüsselpositionen und glauben, sie seien die Star-Spieler, die uns den Sieg bringen werden. Wenn die Dinge schlecht laufen, sind wir dann gezwungen, den Ersatz rauszuholen: unseren Charakter.

Ich frage mich: Was würde geschehen, wenn wir Charakter stattdessen zu unserem Mannschaftskapitän machen würden?

Was könnte geschehen, wenn wir unsere Zeit damit verbringen würden, Gott unseren Charakter anzubieten?

Die Antwort ist einfach: Wir würden bessere Versionen unserer selbst werden.

Hängen

Lektion #2: *Demütige dich selbst und Gott wird dein Herz mit Mut füllen.*

Furcht vor Menschen ist genauso üblich wie eine gewöhnliche Erkältung und es ist ebenso schwer, ein Heilmittel für sie zu finden. Wahre Demut ist das Heilmittel und dieses Heilmittel entsteht, wie in einem Labor, durch die Anwendung verschiedener Perspektiven.

Sir Winston Churchill wurde einmal gefragt: „Begeistert es Sie nicht, zu wissen, dass der Saal jedes Mal völlig überfüllt ist, wenn Sie eine Rede halten?"

„Es schmeichelt einen schon ziemlich", hat Churchill geantwortet. „Aber immer wenn ich mich derartig fühle, rufe ich mir Folgendes in Erinnerung: Würde ich keine politische Rede halten, sondern gehängt werden, wäre die Menge zweimal so groß."[150]

Menschen sind unbeständig. Gott nicht.

Ängstlichkeit verschwindet, sobald wir uns vergegenwärtigen, wer wir vor Gott sind. Mit Seiner Perspektive setzen wir unser Vertrauen nicht mehr auf den Zuspruch von Menschen, sondern auf Seinen Charakter und Seine Prinzipien.

Mut trifft ein, wenn die Unsicherheit fortgeht.

Du kannst dich natürlich auch selbst erhöhen, aber ich verspreche dir: Wenn Gott es tut, wirst du dich viel sicherer fühlen, du wirst nachts besser schlafen und du wirst den nötigen Mut haben, um Gottes Reich in dir und durch dich wachsen zu sehen.

Sketchboard

Lektion #3: *Demütige dich selbst und du wirst die Belohnung für jedes Prinzip ernten.*

Als ich in den 1980er Jahren in Ausbildung war, hat mich ein Mentor in einer Methode der Straßenevangelisation unterwiesen, die ‚Sketchboard' genannt wird. Dafür malte ich ein einfaches Bild auf ein Brett während Menschen sich um mich versammelten. Auch wenn diese Methode heutzutage altmodisch klingt, hat sie damals gut funktioniert und hatte zur Folge, dass ich Passanten nicht anschreien musste, wie es einige heutzutage tun. Die Menschen waren neugierig.

Bevor ich den letzten Abschnitt malte, wandte ich mich dann an die Menge und sagte: „Ich denke mal, Sie würden gerne wissen, was ich hier tue." Dann begann ich mit meinem Vortrag und bot an, am Ende mit den Menschen zu beten. Sie konnten mir ihre Bereitschaft dazu zeigen, indem sie einen Flyer von mir nahmen.

Als ich das erste Mal die Gelegenheit hatte, vor Menschen zu sprechen, hatte ich Todesangst. Ich betete und fastete, betete mehr, fastete wieder und lernte meine Stichpunkte von morgens bis abends auswendig. Dann stand ich auf der Straße, öffnete meinen Mund und kurze Augenblicke später nahmen mehrere Menschen Flyer von mir und wir beteten. Ich war völlig aus dem Häuschen.

Mein Mentor schlug vor, dass ich auch am nächsten Tag redete. Dieses Mal hatte ich Zuversicht in meine Fähigkeiten. Ich betete einmal und fastete nicht. Ich kannte meine Botschaft schon und musste deshalb nur einmal meine Notizen durchgehen. Ich wandte mich an die versammelte Menge und sagte: „Ich denke mal, Sie würden gerne wissen, was ich hier tue." Und dann stand mein Verstand auf einmal still. Ich fing an zu schwafeln. Ich geriet in Panik. Ich konnte mich nicht einmal mehr daran erinnern, was ich dort gerade tat! Irgendwann mitten in meiner Rede fingen die Menschen an wegzugehen. Ich blieb zurück, mitten im Stadtzentrum, und sprach nur zu den Christen. Genau genommen zu dem einen Christen — meinem Mentor. Selbst mein Team war verschwunden!

Die Demütigen bleiben lernbereit.

Die Lernbereiten wachsen in allen Prinzipien in Gottes Reich und ernten all ihre Versprechen.

Paranymph

Lektion #4: *Demütige dich selbst und du wirst eine einzigartige Form der Freude erleben.*

Als Johannes der Täufer von seinen Jüngern aufgesucht wurde, schienen sie seine Ehre oder zumindest seinen Dienst verteidigen zu wollen.

Sie kamen zu Johannes und sprachen zu ihm: *„Rabbi, der bei dir war jenseits des Jordans, von dem du Zeugnis gegeben hast, siehe, der tauft, und alle kommen zu ihm."*[151] Seine Jünger schienen sich darüber zu beschweren, dass die Juden dem Neuen in der Stadt folgten — Jesus — und nicht ihrem eigenen Rabbi. Vielleicht hatten sie das Gefühl, dass ihr Ansehen und sogar ihre Identität an die von Johannes geknüpft waren. Womöglich machten sie sich Sorgen, dass mit seinem Dienst auch ihrer abnehmen würde.

Nichts von alldem beunruhigte Johannes.

Er war mehr in Gottes Königreich verliebt als in seinen eigenen Dienst. Und seine Antwort war inspirierend!

> *„Wer die Braut bekommt, ist der Bräutigam. Der Freund des Bräutigams steht dabei, und wenn er den Bräutigam jubeln hört, ist er voller Freude. Genauso geht es jetzt mir: An meiner Freude fehlt nichts mehr. Sein Einfluss muss wachsen, meiner muss abnehmen."*[152]

Johannes sah sich als den *Paranymphen*, den Freund des Bräutigams, ähnlich dem Trauzeugen bei einer Hochzeit, aber auch ähnlich mit einem Heiratsvermittler. Der Paranymph trug die Verantwortung, die Braut dem Bräutigam vorzustellen. Er stellte den Erstkontakt her und zu Jesu Zeiten musste er auch die Braut auf ihr Treffen mit dem Bräutigam vorbereiten und sie sogar über seine Vorlieben und Abneigungen aufklären.[153]

Dann endlich, bei der Trauungszeremonie, trafen sich Braut und Bräutigam. Die größte Freude des Paranymphen waren die Worte des Bräutigams, wenn er sich ihm zuwandte, seine Begeisterung mit ihm teilte und ihm sagte, wie gut er seine Sache gemacht hatte. Nur der

Paranymph erlebte diese Art des Danks. Es war nur eine kurze Rolle — es ging nur darum, jemanden vorzustellen.

Ich frage mich, wie viele Paranymphen sich in die Braut verliebten, während sie so viel Zeit mit ihr verbrachten.

Ich frage mich, wie vielen es schwerfiel, sie an einen Dritten weiterzugeben.

Johannes fiel es nicht schwer. Er liebte den Bräutigam mehr als die Braut.

Wie steht es mit mir?

Wie steht es mit dir?

Demut ermutigt uns dazu, Gottes Reich zu unserem Hauptanliegen zu machen.

Einsiedler

Lektion #5: *Demütige dich selbst und du wirst an Anziehungskraft gewinnen.*

Nur wenig zieht Menschen so stark zu Gott wie die Menschen Gottes.

Es gibt eine Geschichte von einem Kloster, in dem alle Mönche langsam alt wurden. Während sie öffentliche Gärten pflegten, gab es Menschen, die picknickten, ihnen zusahen und sich mit ihnen unterhielten. Doch niemand schloss sich ihnen an. Die Mönche waren besorgt, dass keine jüngeren Männer ihre Arbeit fortführen würden. Da das Kloster in Gefahr war, geschlossen zu werden, entschieden sich die Mönche, einen Einsiedler aufzusuchen, der bekannt dafür war, Gottes Stimme zu hören. Sie teilten ihr Anliegen mit ihm und baten ihn, für sie zu beten. Der Einsiedler betete, doch er bekam keine Antwort auf ihr Dilemma. Allerdings erwähnte er, dass Gott ihn darüber in Kenntnis gesetzt hatte, dass einer von ihnen ein Apostel war.

Obwohl sie enttäuscht waren, dass Gott ihnen keine Antwort gegeben hatte, wandte sich ihr Gespräch bald zum Thema des geheimen Apostels. Wer von ihnen könnte es sein? Es gab viel Spekulation, aber keine Entscheidung.

Es war ein Mysterium.

Die Enttäuschung wich schließlich der Einsicht, dass sie den Apostel gut behandeln mussten. Da sie aber nicht wussten, wer von ihnen es war, entschlossen sie sich, jedes Mitglied so zu behandeln, als sei er es. Alle wurden nun mit Respekt behandelt. Jeder sprach mit großer Sorgfalt und Wertschätzung über die anderen.

Die Picknicker bemerkten den Unterschied. Viele der jungen Männer fingen an, sich ihnen anzuschließen, als sie diese spannende, neue Gemeinschaft wahrnahmen.

Das Kloster war gerettet.

> *Liebt einander von Herzen als Brüder und Schwestern, und ehrt euch gegenseitig in zuvorkommender Weise.*[154]

Stolz ist unattraktiv, falsche Demut ist unansehnlich, doch Gott verspricht Folgendes:

> Wahre Demut fällt ins Auge!

Ideen zum Nachdenken

Stell dir diese Freiheit vor.

Die Freiheit, nicht länger um Anerkennung zu werben. Keinen Grund mehr zu haben, zu kämpfen. Die Freiheit, ein Leben zu leben, ohne Kompromisse einzugehen, die den Charakter trüben. Die Freiheit von Bedürftigkeit. Die Freiheit, andere zu bevollmächtigen, etwas besser zu tun, als man selbst es kann.

Zeichne weiter unten eine Wolke und schreibe die Vorzüge dieser Art von Freiheit hinein.

Das Herz eines Ritters

Denken

Mit zwölf Jahren traf ich Elaine. Ihre Eltern wirkten ziemlich vornehm auf mich und sie fuhren ein kleines gelbes japanisches Auto. Bis dahin war mir dieses beliebte Modell, der Datsun Roadster, nie aufgefallen. Doch als ich mit ihr ausging, fing ich an, sie überall zu sehen. Es war, als wären sie gerade erst erfunden worden und überfluteten jetzt die Straßen.

Die Prinzipien in Gottes Reich sind wie dieses kleine gelbe Auto. Zuerst bemerkt man sie kaum, weil sie meist nur hintergründig in den Geschichten der Bibel anklingen. Sie sind nicht offensichtlich, da sie häufig nicht ausdrücklich benannt werden. Doch sobald uns jemand oder etwas auf sie hingewiesen hat, entdecken wir sie überall.

Das ist meine Hoffnung für dich: dass du ein Prinzip in Gottes Reich bemerkst, wenn du eine Geschichte im Alten Testament liest oder wenn du deinem Arbeitskollegen zuhörst. Ich hoffe, dass dir eines der Prinzipien in den Sinn kommt, wenn jemand dir ein Problem anvertraut.

Ich bete, dass die Prinzipien dein Denken durchfluten und dir in allem, was du tust, Gottes Perspektive verleihen, sodass dein Herz und dein Verstand von ihnen verwandelt werden. Ich hoffe, dass du mit einer geistlichen Waffenrüstung bevollmächtigt und auf einen ganz neuen Auftrag fokussiert bist. Schließlich ist die Frohe Botschaft umso kraftvoller, wenn sie von Menschen mit einem Charakter nach Gottes Herzen verkündigt wird — von jenen, deren Herzen auf Gott ausgerichtet sind.

Stell dir vor, die Ritter in Gottes Königreich wären ebenso unsicher, selbstsüchtig und darauf bedacht, sich selbst hervorzutun, wie der Rest der Welt. Was, wenn wir nur enthusiastische Idealisten wären, die an eine gute Sache glauben, doch genauso dafür kämpfen, wie die Welt für ihre Sache kämpft? Dann hätten wir nichts zu sagen. Oder besser gesagt: Keiner würde uns Gehör schenken.

Doch wir glauben, dass die Prinzipien in Gottes Reich uns lehren können, auf eine neue Art zu denken. Das scheint zumindest bei Jesus geklappt zu haben.

Als Petrus entscheiden musste, ob er Nichtjuden als Christen annehmen würde, bezog er sich nicht auf Anweisungen, die Jesus ihm in der Vergangenheit gegeben hatte. Jesus hatte ihm nicht gesagt: „Eines Tages, Petrus, wirst du einen Hauptmann namens Kornelius treffen, und dies ist, was du tun sollst ..."

Nein. Was ihm half, Gottes Willen zu erkennen, waren die *Prinzipien*, die Jesus ihn gelehrt hatte, sowie ein etwas verwirrender Traum. Jesus hatte ihm allgemeine Grundsätze mitgegeben, damit er in jeder Situation entscheiden konnte, was er tun sollte, nicht spezifische Anweisungen, die nur in ganz bestimmte Umstände passen. Er verbrachte drei Jahre damit, ihm beizubringen, *wie* er denken konnte, nicht *was* er denken sollte.

Drei Jahre. *Denken*.

Haben wir aufgehört zu denken? Haben wir uns stattdessen mit einem geistlichen Selbsthilfe-Ratgeber abgefunden? Haben wir ein Buch, das Gottes Vision enthält, in ein christliches Horoskop verwandelt? Sind wir einfach nur zu christlichen Heiden geworden, die immer mal wieder in Gottes Wort eintauchen, in der Hoffnung, es würde uns sagen, was wir vermeiden müssen, um ein besseres Leben zu haben?

Die Art und Weise, wie wir an Gottes Wort herangehen, entscheidet oft darüber, in welchem Zustand wir es wieder verlassen.

Wenn wir nach einfachen Antworten suchen, verlassen wir es mit komplexen Fragen.

Wenn wir lediglich nach *Lebensprinzipien* suchen, werden wir nicht mehr daraus ziehen.

Wenn wir so in Gottes Wort hineingehen, wird es uns nicht das alternative Leben geben, von dem Jesus gesprochen hat. Es gibt uns lediglich die ‚christliche Version' dessen, was jeder andere auch tut. Wir werden nach all dem streben, wonach die Welt auch strebt — Reichtum, Glück, Sicherheit, Respekt — wir tun es nur auf verchristlichte Weise.

Wenn es aber darum geht, Gottes Reich voranzubringen, wird die ‚verchristlichte Version' nie funktionieren.

Es ist ein Leben auf der Linie. Ein Leben im Schatten. Was wäre, wenn wir uns stattdessen dem König nähern und Ihn fragen würden:

> Was ist in *Deinem* Herzen?

Wenn unsere Motivation dafür, in Seine Gegenwart zu treten, und der Zweck, warum wir Sein Wort lesen, sich von denen der Heiden unterscheiden — dann sehnen wir uns nach etwas, das tiefer geht als *Lebensprinzipien*. Wir suchen nach *Prinzipien in Gottes Reich*. Und während wir das tun, wird unser Charakter verwandelt.

Wir werden Gottes Reich mehr lieben als das Leben selbst. Dann werden wir zu Rittern, die für das Herz unseres Königs kämpfen.

Zeremonie

Jesus erhob Seine Kirche in den Ritterstand und genau das hat auch die Kirche schon immer mit ihren Kämpfern getan — all jenen, die sich dafür

entschieden, über der Linie zu leben, jenen, die sich ganz Gott weihten. Wir haben sogar einen Namen dafür; wir nennen es ‚Handauflegung'.

> *Aus diesem Grund erinnere ich dich daran, dass du erweckest die Gabe Gottes, die in dir ist durch die Auflegung meiner Hände.*[155]

Jedes Jahr, wenn sich ein neuer Jahrgang Pais anschließt, lehren wir jeden von ihnen die Prinzipien in Gottes Reich und erzeugen dann einen entscheidenden Moment — einen Bekenntnisabend.

Ein Raum wird abgedunkelt und nur mit Kerzenlicht erhellt. Gottes Wort wird von jenen vorgelesen, die zuvor zum Ritter geschlagen wurden. Alle, die teilnehmen wollen, überschreiten eine Linie auf dem Boden. Sie beugen das Knie und wir legen ihnen die Hände auf und beten für sie. Wir geben ihnen ein kleines Erinnerungszeichen, das sie als Kette um den Hals oder als Armband am Handgelenk tragen können.

Wenn wir sie ‚zu Rittern schlagen', überreichen wir ihnen noch etwas: eine Schriftrolle.

Sie enthält ein Bekenntnis — ein Gelöbnis, das wir ihnen als Erinnerung an ihre Zeremonie mitgeben. Manche hängen es sich in ihrem Zimmer auf, einige tragen es in ihrem Portemonnaie mit sich, andere bewahren es in ihrem Auto auf und wieder andere digitalisieren es und richten es als Hintergrundbild ein.

Wir nennen es ‚*Das Bekenntnis zu den Prinzipien in Gottes Reich'.*

Wenn dich dieses Buch bewegt hat, möchte ich dich herausfordern, dieses Bekenntnis zu deinem eigenen zu machen.

Danke fürs Lesen. Ich werde dein Streben danach, über der Linie zu leben und für das Herz deines Königs zu kämpfen, im Gebet begleiten!

Gott segne dich.
Paul

DAS BEKENNTNIS

Dies ist mein Bekenntnis: über der Linie zu leben.

Ich verspreche, das Reich Gottes zu meinem ersten Anliegen zu machen –
wissend, dass Er mir alles geben wird, was ich brauche.
Matthäus 6, 33

Ich verspreche, den Kindern Gottes Barmherzigkeit und Gnade zu erweisen –
wissend, dass der König auch mir Gnade und Barmherzigkeit erweisen wird.
Matthäus 7, 1-2

Ich verspreche, weise zu entscheiden, was meine Augen sehen, meine Ohren
hören und mein Herz berührt – wissend, dass dies den Drachen besiegt.
Matthäus 12, 35

Ich verspreche, treu in den kleinen Dingen zu sein, die Gott mir anvertraut,
sodass ich das Größere ergreifen kann, das Er für mich bereithält.
Matthäus 25, 29

Ich verspreche, Samen in mein Leben zu säen, die Frucht bringen
für das Reich Gottes.
Galater 6, 7

Ich verspreche, mein Knie zu beugen in Demut für Gottes Vorhaben –
wissend, dass Er mich in Seinem Königreich salben und erhöhen wird.
Lukas 14, 11

Dies ist mein Bekenntnis:

für das Herz meines Königs zu kämpfen und
für Sein Königreich zu leben
– entsprechend Seinen Ordnungen.

So wahr mir Gott helfe.

NOTIZEN

Anmerkungen

1. Epheser 6, 11-12.

2. Der Film *Königreich der Himmel*, unter der Regie von Ridley Scott (Los Angeles, California: 20th Century Fox, 2005).

3. Hinsichtlich Streitfragen über Glaubenslehren gibt es ein ähnliches Linien-Konzept zur Verteidigung einer Position in *A New Kind of Christian* von Brian McLaren.

4. Wenn du mir nicht glaubst, suche nach dem Stichwort ‚hypnotize a chicken' bei YouTube.

5. *Schekina* oder Schechina ist die deutsche Schreibweise eines hebräischen Wortes, das Wohnstätte oder Besiedlung bedeutet und die bei uns wohnende Gegenwart Gottes symbolisiert.

6. Die entsprechenden Stellen mit Bezug auf die Wolke(n) findest du in 2. Mose 13, 21; 2. Mose 14, 24; 2. Mose 16, 10; 2. Mose 19, 9; 4. Mose 9, 15; Matthäus 17, 5; Matthäus 24, 30; Offenbarung 14, 14.

7. Matthäus 6, 31-32.

8. Einer meiner Lieblingsredner ist der Historiker Ray Vander Laan. Er spricht über diese Straße und die folgenden Details in seiner Lektion *Faith Lessons — In the Dust of the Rabbi*, Band 6, DVD (Grand Rapids, MI: Zondervan, 2005).

9. 2. Samuel 23, 13-17 (NLB, 2006).

10. G932 Strong-Verzeichnis zu „Basileía", http://strongsnumbers.com/greek/932.htm, aufgerufen am 25. April 2011.

11. So die freie Übersetzung von Matthäus 6, 33 nach der New Living Translation, 2013. Dieser am nächsten kommt die NLB, 2006: *„Wenn ihr für ihn lebt und das Reich Gottes zu eurem wichtigsten Anliegen macht, wird er euch jeden Tag geben, was ihr braucht."*

12. Lukas 11, 1 (GNB, 2000).

13. In Lukas 11 heißt es nur: *„Dein Reich komme"*. Matthäus 6 fügt hinzu: *„Dein Wille geschehe wie im Himmel so auf Erden"*.

14. Lukas 12, 34.

15. Lukas 21, 4.

16. 1. Chronik 21, 24b (NLB, 2006).

17. Matthäus 6, 34 (NLB, 2006).

18. G3309 Strong-Verzeichnis zu „Merimnaó", http://strongsnumbers.com/greek/3309.htm, aufgerufen am 21. April 2011.

19. Stephen R. Covey, A. Roger Merrill, und Rebecca R. Merrill, *First Things First* (London, Simon & Schuster UK Ltd, 1999), S. 88-89.

20. Matthäus 13, 21-23; Markus 4, 18-20; Lukas 8, 13-15.

21. Charles R. Swindoll, *Growing Strong in the Seasons of Life*, (Michigan, Zondervan, 1983, 2007), S. 293.

22. Johannes 20, 29 (EU, 1980).

23. Prediger 4, 9-12 (HFA, 2015).

24. Dieses Zitat verwendete einer der größeren landesweiten Boulevardblätter, um eben dieses Stadtviertel in Moston, Manchester zu beschreiben.

25. Daniel 1, 4 (NLB, 2006).

26. Daniel 1, 12-13 (ELB, 2008).

27. Im Judentum ist der Talmud „die umfangreiche Sammlung des mündlich überlieferten Gesetzes mit rabbinischen Erläuterungen, detaillierten Ausführungen und Kommentaren. Er ist zu unterscheiden von den heiligen Schriften oder den geschriebenen Gesetzen. Die Autorität des Talmuds wird von allen orthodoxen Juden anerkannt." Definition auf reference.com unter „Talmud" gefunden, aufgerufen am 23. Mai 2011, http://www.reference.com/browse/talmud.

28. Das Video des jungen Mannes findest du unter vimeo.com/23272938. Mehr über Pais Movement erfährst du unter www.paismovement.com oder in meinem Buch *Pioniere in Gottes Reich* (ehemals *The Line and the Dot*, Arlington, TX: Harris House Publishing, 2014).

29. Dieser wurde im Konzil von Yavne hinzugefügt. Siehe Dr. Ron Moseley, *Yeshua: A Guide to the Real Jesus and the Original Church* (Maryland: Messianic Jewish Resources International, 1998), S. 121.

30. Johannes 13, 34-35 (EU, 1980).

31. 1. Mose 4, 9 (ELB, 2008).

32. 2. Mose 21, 24.

33. Noah: siehe 1. Mose 9, 9; Abraham: siehe 1. Mose 17; Mose: siehe 2. Mose 19-24; David: siehe 2. Samuel 7; Jesus: siehe Hebräer 8,6.

34. 1. Mose 6, 9: Gemäß der jüdischen Lehre wurde Noahs Rechtschaffenheit zum Teil oder möglicherweise ausschließlich im Vergleich zu seiner Generation gesehen. Jewish Study Bible. Publisher: Oxford University Press, USA (January 4, 2004). Johannes 15, 15.

35. Matthäus 18, 32-33.

36. Kolosser 1, 24.

37. Jakobus 1, 27.

38. Matthäus 25, 37-40.

39. Matthäus 6, 14-15.

40. 1. Johannes 4, 20 (NeÜ, 2017).

41. Sprüche 13, 20.

42. *„Die Frau, die du mir zugesellt hast, gab mir von dem Baum und ich aß."* 1. Mose 3, 12.

43. Sprüche 22, 11 (SLT, 2000).

44. Afrikanisches Sprichwort.

45. Johannes 13, 34 (NGÜ, 2011).

46. Psalm 135, 14 (NGÜ, 2011).

47. Römer 12, 20-21 (SLT, 2000).

48. Epheser 6, 11 (SLT, 2000).

49. Epheser 6, 12 (ELB, 2008).

50. Johannes 13, 35 (NGÜ, 2011).

51. Johannes 20, 23 (NGÜ, 2011).

52. Dr. Ron Moseley, *Yeshua: A Guide to the Real Jesus and the Original Church* (Maryland: Messianic Jewish Resources International, 1998), S. 25-26. Diese Art des Ausschlusses vom Gottesdienst als Bestrafung geschah viele Male in der Geschichte und vor allem während der Herrschaft von Herodes dem Großen.

53. Zu diesem Lehrbeispiel inspirierte mich ein Beispiel, das Philip Yancey in seinem Buch *What's So Amazing about Grace* (Grand Rapids, Michigan, Zondervan, 1997), S. 273, beschreibt.

54. Offenbarung 12, 9.

55. Gemäß der apokryphen Schriften von Sankt Georg hielt Georg den Rang eines Militärtribuns der römischen Armee inne und wurde von Diocletian geköpft, weil er gegen die Christenverfolgung protestierte. Er wurde in der ganzen Christenheit zum Vorbild für seine Tapferkeit in der Verteidigung der Armen, der Schutzlosen und des christlichen Glaubens. Die Legende von Georg und dem Drachen war womöglich eine Allegorie seiner Verfolgung durch Diocletian, der in historischen Texten gelegentlich ‚der Drache' genannt wird. http://www.britannia.com/history/stgeorge.html.

56. Römer 7, 15-20.

57. D. L. Moody zitiert in T. J. Shanks, *D.L. Moody at Home: His Home and Home Work* (Chicago & New York: Fleming H. Revell, 1886), S. 272.

58. 1. Korinther 10, 13 (NLB, 2006).

59. Hebräer 4, 15 (ELB, 2008).

60. John Maxwell, *Developing the Leader Within You: Workbook* (Nashville, Tennessee, Thomas Nelson, 1993), S. 42.

61. Matthäus 12, 43-45 (GNB, 2000).

62. A.J. Jacobs, *The Year of Living Biblically: One Man's Humble Quest to Follow the Bible as Literally as Possible* (New York, Simon & Schuster, 2007), S. 257.

63. Mein Freund ist Derek Smith, Pionier und Leiter von www.kingsbolton.co.uk.

64. John Wesley (1703-1791).

65. Galater 5, 19-21 (NeÜ, 2017).

66. Galater 5, 22-23 (ZB, 2007).

67. 1. Korinther 5, 9 (NeÜ, 2017).

68. 1. Korinther 6, 18 (NeÜ, 2017).

69. 1. Korinther 3, 1-2 (GNB, 2000).

70. 1. Korinther 3, 3-4 (HFA, 2015).

71. 2. Korinther 11, 13 (GNB, 2000).

72. Thomas Paine, *The Life and Writings of Thomas Paine*, ed. Daniel Edwin Wheeler (New York: Vincent Parke and Company, 1908), S. 110.

73. Offenbarung 12, 11.

74. Johannes 19, 11; Matthäus 23, 23.

75. Markus 9, 47 (GNB, 2000).

76. Lukas 18, 11.

77. Geoffrey Wigoder, Fred Skolnik and Shmiel Himelstein, ed., *The New Encyclopedia of Judaism* (New York, New York University Press, 2002).

78. R. David Kinhi in ebd.

79. Jona 1, 6 (GNB, 2000).

80. 1. Korinther 15, 33 (NGÜ, 2011).

81. 2. Samuel 11, 1-2; 4-5 (NLB, 2006).

82. Philipper 4, 8.

83. Matthäus 12, 34 (ELB, 2008).

84. Hebräer 5, 12.

85. Matthäus 25, 26-28 (GNB, 2000).

86. Johannes 8, 44 (NGÜ, 2011).

87. 1. Mose 3, 13.

88. Offenbarung 20, 10.

89. G4105 Strong-Verzeichnis zu „planaó", http://strongsnumbers.com/greek/4105.htm, aufgerufen am 5. Mai 2011.

90. Matthäus 25, 24-25.

91. 1. Petrus 5, 8 (SLT, 2000).

92. 1. Korinther 1, 27.

93. Matthäus 25, 15.

94. Dieser und der vorige Verweis stammen vom Midrash Genesis Rabbah und werden im folgenden Online-Artikel erläutert: https://www.chabad.org/library/article_cdo/aid/111926/jewish/King-Davids-Coins.htm.

95. Matthäus 9, 35 (NLB, 2006).

96. 1. Korinther 13, 12 (EU, 1980).

97. Die vielen Wunder, Prophetien und anderen Taten von Elia und Elisa findest du in 1. Könige 17 bis 2. Könige 9.

98. 2. Könige 5; 2. Könige 6, 15-17.

99. Lukas 5, 1-3 (GNB, 2000).

100. Angelehnt an die Liste in Rick Warrens Buch *The Purpose Driven Life* (Grand Rapids: Zondervan, 2002), S. 233.

101. Römer 8, 28 (NeÜ, 2017).

 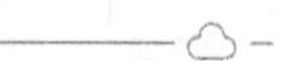

102. Hebräer 11, 6 (LUT, 2017).

103. Psalm 127, 3-5 (LUT, 2017).

104. Matthäus 24, 36-37; 42-44 (EU, 1980).

105. Rabbi Shmuel bar Nachmani sagte dies im Namen von Rabbi Yonaton (Sanhedrin 97b).

106. Rabbi Zera (Sanhedrin 97a).

107. Es handelte sich um einen Arizona-Rindenskorpion, den giftigsten Skorpion Nordamerikas.

108. Matthäus 25, 1-13.

109. Matthäus 24, 45-51.

110. Bible.org, aufgerufen am 22 Juli 2017, http://bible.org/illustration/still-munching-candy.

111. Winston Churchill (1874-1965). „Churchill voted greatest Briton," BBC News, World Edition, 24. November 2002, http://news.bbc.co.uk/2/hi/entertainment/2509465.stm.

112. Winston Churchill. AZQuotes.com, Wind and Fly LTD, 2017. http://www.azquotes.com/quote/1371109, aufgerufen am 21. Juli 2017.

113. Lukas 6, 31 (HFA, 2015).

114. 4. Mose 14.

115. Lukas 6, 38.

116. Galater 6, 9.

117. Bible.org, aufgerufen am 7. Mai 2011, http://bible.org/illustration/diary-john-wesley.

118. Psalm 126, 5-6.

119. Nehemia 8, 10.

120. Tom Farrell, *Sydney Sunday Telegraph*, 21. Juni 1956.

121. Historychannel.com.au, zugegriffen am 18. August 2017, https://www.history-channel.com.au/this-day-in-history/death-mr-eternity-arthur-stace/.

122. Matthäus 11, 12 (EU, 1980).

123. Römer 5, 3-4 (GNB, 2000).

124. Johannes 19, 30 (NGÜ, 2011). Jesus sprach diese Worte, als Er am Kreuz hing.

125. Matthäus 3, 17.

126. Für ein umfassenderes Bild über dieses Gespräch siehe auch David H. Stern, *New Testament Commentary* (Clarkville, Maryland: Jewish New Testament Publications, Inc.), S. 163.

127. Johannes 2, 5 (NLB, 2006).

128. Johannes 2, 4.

129. 1. Korinther 15, 9.

130. Epheser 3, 8.

131.　1. Timotheus 1, 15 (NGÜ, 2011).

132.　1. Korinther 1, 1.

133.　1. Korinther 4, 16.

134.　1. Korinther 10, 23 (ELB, 2008).

135.　Johannes 15, 15 (NGÜ, 2011).

136.　Dieses Zitat wird zumeist, wenn auch nicht eindeutig, Abraham Lincoln zugeschrieben. Siehe http://quoteinvestigator.com/2016/04/14/adversity/.

137.　2. Mose 3, 1.

138.　2. Mose 3, 2.

139.　2. Mose 33, 11.

140.　4. Mose 27, 18.

141.　1. Samuel 16, 21-23.

142.　1. Samuel 18, 11.

143.　James M. Freeman, *Manners and Customs of the Bible* (New York, Logos International, 1972), S. 215.

144.　1. Chronik 11, 3 (NLB, 2006).

145.　Das hier bezieht sich auf das Prinzip *Richten und gerichtet werden*.

146.　Johannes 13, 14 (LUT, 2017).

147.　Philipper 2, 9 (LUT, 2017).

148.　Jesaja 14, 12-15 (LUT, 2017).

149.　Mehr über die Bedeutung des Bechers findest du in der *NIV Archeological Study Bible*, S. 1655.

150.　Winston Churchill bei einer Pressekonferenz, Washington, D.C., 17. Jan. 1952.

151.　Johannes 3, 26 (LUT, 2017).

152.　Johannes 3, 29-30 (GNB, 2000).

153.　James M. Freeman, *Manners and Customs of the Bible* (New York: Logos International, 1972), S. 423.

154.　Römer 12, 10 (GNB, 2000).

155.　2. Timotheus 1, 6 (LUT, 2017).

Über Pais Movement

Unser Ziel

Pais möchte die Kirche dahingehend prägen, dass jeder Christ es zu seinem ersten Anliegen macht, Gottes Reich so auszubreiten, wie Jesus es vorgelebt hat. Wir erreichen das durch eine andere Herangehensweise an Evangelisation, Jüngerschaft und Bibelstudium für Jugendliche & Schulen, Gemeinden und Unternehmen.

Unsere Leidenschaft

Pais ist ein Wort aus dem Griechischen des Neuen Testaments und weist als Name unserer Organisation darauf hin, dass wir Kinder Gottes sind und Ihm dienen wollen. Unser Anliegen ist es, diejenigen zu trainieren und zu multiplizieren, die Gottes Auftrag umsetzen. Unser Herz schlägt für die Menschen in unserer Welt und wir wünschen uns sehnlichst, dass sie in einer Beziehung mit Gott leben, so wie Er es für uns vorgesehen hat. Wir stehen Seite an Seite mit Schulen, Gemeinden und Unternehmen, um Menschen zu befähigen, in ihrem Verständnis und ihrem Erleben von Gott zu wachsen.

Unsere Vision

Jesu Auftrag ist das Herzstück von Pais. Wir bemühen uns, sowohl unseren Freiwilligen wie auch allen, mit denen sie in Berührung kommen, dabei zu helfen, ein missionales Herz, missionale Fertigkeiten und einen missionalen Lebensstil zu entwickeln. So trainieren wir Alltagsmissionare, die wiederum neue Alltagsmissionare trainieren, und sehen, wie sich unsere Welt Schritt für Schritt verändert.

pais.life
paismovement.de
facebook.com/paisdach
instagram.com/paisdach

FOLGE DEINER BERUFUNG

"
LEBE EIN LEBEN AUF MISSION UND MIT GOTTES REICH IM ZENTRUM.

Dank unserer Partner beinhalten unsere Programme kostenlos: Training, Unterkunft und Verpflegung

Diene Gott in deinem Heimatland oder einem unserer zahlreichen Einsatzländer im Ausland.

Jüngerschaftsprogramme
Wähle die Dauer deines Einsatzes.

1. Jahr: Persönliche Entwicklung

2. Jahr: Leiterschaft

3. Jahr: Kirchlicher Dienst

Dpais®

Für weitere Infos kontaktiere dach@paismovement.com oder besuche paismovement.de

Über den Autor

Paul Clayton Gibbs ist der Gründer und weltweite Leiter von Pais. Er und seine Frau Lynn haben zwei Söhne, Joel und Levi. Ursprünglich kommt er aus Manchester in England und zog 2005 mit seiner Familie in die USA, um seine Vision weltweit auszubauen: das Training und die Multiplikation derer, die Gottes Auftrag umsetzen.

Paul begann seine Pionierarbeit als christlicher Leiter an Schulen in Manchester im Jahr 1987. Im September 1992 gründete er Pais Project, ursprünglich ein Brückenjahr-Projekt mit einem Team in Nord-Manchester, das sich weltweit explosionsartig ausgebreitet hat und heute tausende von Nachfolgern Jesu schult, aussendet und Millionen von Schülern überall in Europa, Nord- und Südamerika, Afrika, Asien und Australien erreicht. Seitdem hat Paul zwei weiteren Zweigen von Pais den Weg gebahnt: Der eine rüstet Gemeinden mit Strategien für Jesu Auftrag aus und der andere bietet Unternehmen Strategien im Cause-Related Marketing an. Unter Pauls Leiterschaft ist Pais Movement fortwährend gewachsen, startet Initiativen und bietet Hilfsmittel an, um Gottes Königreich voranzubringen.

Paul hat als Mentor und in der Ausbildung von Leitern überall im Vereinigten Königreich Anerkennung gefunden. Er hat mehrere Bücher geschrieben und spricht auf Veranstaltungen in der ganzen Welt, unter anderem in Bibelschulen und -seminaren, in Gemeinden, auf Leiterschaftsseminaren und Jugendkongressen. Seine Hauptthemen sind Pionierarbeit, Leiterentwicklung, das Königreich Gottes und uralte Methoden für unsere Zeit in der Postmoderne.

Paul geht gerne schwimmen, surfen, Ski fahren, segeln, snowboarden und ist ein leidenschaftlicher Fan von Manchester United!

paulgibbs.info
facebook.com/paulcgibbs
twitter.com/paulcgibbs

Weitere Bücher von Paul Clayton Gibbs

Trilogie aus alter Zeit

Haverim: Wie du mit jedem alles studieren kannst
Dieses einzigartige Buch nimmt eine 2.000 Jahre alte Methode des Bibelstudiums und überträgt sie in unsere Zeit. Paul Gibbs leitet dich Schritt für Schritt an und hilft dir, mit Haverim deine eigene Studiengruppe zu starten.

Talmidim: Wie du jeden in allem trainieren kannst
Paul Gibbs verhilft uns zu einem neuen Verständnis des Missionsbefehls, indem er uns anregt, unsere gegenwärtigen Jüngerschaftsmethoden von Grund auf neu zu durchdenken. Durch Recherche und Anwendung von Jesu Jüngerschaftsmethode zeigt uns Gibbs eine einfache Vorlage, die jeder anwenden kann.

Shalom: Wie du jeden überall erreichen kannst
Dieses Buch eröffnet dir eine völlig neue Herangehensweise an Mission. Es hilft dir, das Evangelium auf natürliche und effektive Weise zu verbreiten.

Trilogie von Gottes Reich

Pioniere in Gottes Reich: Gottes Auftrag für dich
Hast du eine Idee, eine Vision oder eine Leidenschaft dafür, etwas zu verändern? In dieser vollständig überarbeiteten, zweiten Auflage rüstet Paul Gibbs dich aus, um die vier Stufen von Vision zu durchlaufen und die Prüfungen zu bestehen, die jede Stufe mit sich bringt. Dieses Buch wappnet dich mit allem, was du brauchst, damit deine Vision Wirklichkeit wird.

Prinzipien in Gottes Reich: Gottes Werte für dich
Paul Gibbs entlarvt unsere Vorstellung davon, dass Nachfolge Jesu schlichtweg ein Befolgen von Regeln ist. Der Autor erläutert sechs Prinzipien in Gottes Reich, die deine Beziehung mit Gott verwandeln können und dich von einem Leben aus Regeln zu einem Leben aus Liebe führen.

Muster in Gottes Reich: Gottes Berufung für dich
Hast du jemals Gottes Führung in deinem Leben aus den Augen verloren? Paul Gibbs zeigt dir ganz praktisch, wie du Gottes Plan für dein Leben entdecken kannst. Dafür zeigt er dir, wie du Gott bessere Fragen stellen kannst, um bessere Antworten zu erhalten.

Erhältlich überall dort, wo Bücher verkauft werden.